명언과 역사로 보는

노자의 도덕경 이야기

先秦經典智慧名言故事叢書

명언과 역사로 보는

노자의 도덕경 이야기

— 도덕경의 명언 25구 —

중국공자기금회 기획 | 楊亞利 · 劉明芝 · 林忠軍 지음 | 남종진 옮김

다산미디어

머리말

중국 역사상 춘추전국春秋戰國시대는 기존의 사회구조가 해체되면서 새로운 사회질서가 모색되던 시기였다. 주周나라의 예악禮樂은 무너지고, 세상은 질서와 무질서가 끊임없이 뒤바뀌는 혼란한 국면으로 접어들었다. 하지만 이런 소용돌이 속에서 사상계는 오히려 유례없이 활발하게 움직였고, 문화는 극도의 번영을 구가하게 되었다. 공자孔子, 묵자墨子, 손자孫子, 노자老子, 맹자孟子, 장자莊子, 순자荀子, 한비자韓非子, 추연鄒衍 같은 제자諸子들이 잇달아 모습을 드러내고, 유가儒家, 도가道家, 묵가墨家, 병가兵家, 법가法家, 명가名家, 음양가陰陽家 같은 백가百家가 벌떼처럼 생겨났다. 그리하여 중국의 문화사에서 흔히 '백화제방百花齊放' 또는 '백가쟁명百家爭鳴'으로 일컬어지는 첫 번째 문화적 전성기를 맞이하게 되었다. 이는 중국문화의 기본적 틀을 이루었고, 나아가 중국문화의 후속 발전에 영원히 마르지 않는 원천이 되었다.

선진先秦시대의 제자문화諸子文化는 중국문화의 원류를 이룬다. 당시 형성된 유가, 도가, 묵가, 법가, 명가, 병가 같은 각종 유파는 역사적으로 발전하는 과정에서 서로 대립하고 본받고 융합되면서 수천 년에 걸친 중국문화를 형성하는 밑거름이 되었으며, 역사적으로 갖은 수난을 겪으면서도 끝내 면면히 계승되어 하나의 문화 시스템을 이루었다. 따라서 선진시대의 제자문화는 중국문화의 근원이라고 할 수 있다.

선진의 문화는 하夏, 상商, 주周 삼대三代의 문화를 계승한 것이다. 그 가운데는 주공周公과 문왕文王의 도道를 계승함을 자임自任했던 공자의 사상이 있고, "천도天道를 미루어 인사人事를 밝힌" 노자와 장자의 사상이 있고, '겸애兼愛'와 '비공非攻'의 주장을 펼친 묵자의 사상이 있고, '신상필벌信賞必罰'을 주장한 법가의 사상이 있다. 그들은 제각기 유가, 도가, 묵가, 법가 문화의 발전 방향을 열어젖혔고, 나아가 중국문화의 물줄기를 이루었다.

선진시대 제자백가들이 남긴 경전은 선진 문화를 담은 담체이며, 또한 선진시대 철인哲人들의 지혜의 결정이다. 이는 무궁한 힘을 지니고 있으며, 언제나 사람들의 관심을 끄는 매력을 지녀 왔다. 옛사람과 현재의 사람들은 물론 미래의 사람들도 선진 제자들의 경전에 대해 끊임없이 탐구하고 해독함으로써 선철先哲들의 지혜를 깨닫게 될 것이며, 아울러 이를 비판적으로 계승하여 자신이 살고 있는 시대에 필요한 새로운 문화를 일궈

낼 것이다.

『명언과 역사로 보는 노자의 도덕경 이야기』(도덕경의 명언 25구)는 중국공자기금회中國孔子基金會의 기획으로 원로에서 신진까지 다수의 학자들이 참여해 편찬한 「선진경전지혜명언고사총서先秦經典智慧名言故事叢書」의 하나다. 「선진경전지혜명언고사총서」는 『주역周易』, 『상서尙書』, 『시경詩經』, 『논어論語』, 『맹자孟子』, 『노자老子』, 『장자莊子』, 『손자병법孫子兵法』, 『관자管子』, 『묵자墨子』, 『순자荀子』, 『한비자韓非子』, 『예기禮記』, 『좌전左傳』, 『국어國語』, 『전국책戰國策』, 『여씨춘추呂氏春秋』 등 선진 시기의 주요한 문헌들을 망라한다.

이 책의 구성과 집필에는 다음 몇 가지 점에 중점을 두었다.

첫째, 원서를 모두 읽기에 부담스러운 독자들을 고려해 원서의 내용 가운데 예로부터 널리 알려진 구절만을 선별해 수록했다. 명언의 선별은 '현재도 생명력을 갖는' 것을 우선적인 기준으로 삼았다. 또한 원서의 요점을 개괄적이고 정확하고 일맥상통하게 엿볼 수 있는 핵심적인 내용들을 중점적으로 추렸다. 아울러 선별된 명언은 원서의 순서에 따랐다.

둘째, 선별된 명언은 하나하나가 모두 선철先哲들의 빛나는 지혜의 결정이다. 하지만 오랜 세월의 괴리는 현대인들이 쉽게 이해할 수 없게 만들어 놓았다. 따라서 일반 독자들이 원서의 내용을 쉽게 이해할 수 있도록 선별된 명언에는 간단한 풀이를 더하고, 역사적 배경을 설명하고, 현대적 의미를 덧붙여 시간적 거리를 극복하고 진정한 의미를 깨달을 수 있게 하였다.

셋째, 선별된 명언마다 그 내용에 상응하는 예화例話를 덧붙였다. 예화는 명언과 연관된 역사적 사실이나 전문傳聞 또는 명언에 담긴 정신이 후세에 미침으로써 나타난 역사적 사례, 인물의 행위 등을 소개함으로써 독자들이 명언의 의미를 보다 깊이 있게 이해할 수 있도록 하였다.

중국공자기금회

차 례

명언과 역사로 보는

노자의 도덕경 이야기

『도덕경』과 노자

『도덕경道德經』은 중국 고대의 유명한 도가道家 경전이다. 『도덕경』은 저자의 이름을 따서 『노자老子』라고도 하며, 또 『도덕진경道德眞經』으로도 불린다. 『도덕경』은 본래 선진先秦 제자백가諸子百家 가운데 도가의 대표작이나, 나중에는 도교道教에서 신봉하는 주요한 경전이 되어, 당唐나라 때에 이르러 『도덕진경』으로 받들어졌기 때문이다.

『도덕경』이 언제 만들어졌는가에 대해서는 학계의 이론이 분분하다. 그러나 늦어도 전국戰國시대에는 만들어진 것으로 보는 것이 일반적인 견해다. 『사기史記』 「노장신한열전老莊申韓列傳」에 따르면, 노자는 함곡관函谷關의 관령關令 윤희尹喜의 요청에 따라 "상편과 하편의 글을 지어 '도덕道德'의 의미를 5천여 자로 밝혔다."고 한다. 『노자하상공장구老子河上公章句』는 모두 81장으로 구성되었으며, 앞의 37장이 「도경道經」이고 뒤의 44장이 「덕경德經」으로 나누어져 있어서 『도덕경』이라고 불린다. 그러나

이와는 달리 1973년 중국 호남성湖南省 장사長沙 마왕퇴馬王堆의 한漢나라 3호 고분에서 출토된 2종의 『도덕경』 백서帛書 사본寫本은 「덕경」이 앞에 있고 「도경」이 뒤에 있으며 글귀도 약간 차이가 난다.

『도덕경』을 주석, 고증, 교감한 저작은 2, 3천 종을 넘는다. 그러나 역대로 그 영향이 크고 널리 통용된 것으로는 하상공본河上公本과 왕필본王弼本의 두 가지를 꼽는다. 도교에서는 하상공본을 표준으로 삼는다. 『도덕경』의 주요한 주석서로는 삼국三國시대 위魏나라 왕필의 『노자주老子注』를 비롯해 송宋 범응원范應元의 『노자도덕경고본집주老子道德經古本集注』와 명明 초횡焦竑의 『노자익老子翼』 등이 저명하다. 현대인의 저술도 많은데, 널리 알려진 것으로는 마서륜馬敍倫의 『노자교고老子校詁』, 노건勞健의 『노자고본고老子古本考』, 장석창蔣錫昌의 『노자교고老子校詁』, 주겸지朱謙之의 『노자교석老子校釋』, 고형高亨의 『노자정고老子正詁』 등을 들 수 있다.

『도덕경』은 노자 자신이 저술한 것으로 알려져 있다. 노자가 살았던 시기에 대해서는 선진先秦 시기의 여러 가지 기록들이 일치된다. 『예기禮記』를 비롯해 선진 시기의 제자서諸子書에서는 그를 '노담老聃' 또는 '노자老子'로 지칭한다. 『예기禮記』 「증자문曾子問」편에는 공자孔子가 "내가 노담에게 들으니"라고 언급하는 부분이 나오는데, 이는 노자가 공자와 같은 시기이지만 공자보다 약간 나이가 많았다는 사실을 보여준다. 그러나 노자의 전기를 지은 한나라의 사마천司馬遷이 이에 대해 의문을 제기하면서부터 지금까지도 학계에서는 노자라는 인물과 그의 성씨, 그리고 저술이 만들어진 시기에 대해서 여러 가지 이견이 있다. 여기서는 상세히 기술하지 않겠지만 관적貫籍에 대해서도 이론이 있다. 하지만 한나라 이후로 일반적으로 지금의 하남성河南省 녹읍鹿邑 동쪽인 고현苦縣 사람으로 간주하고, 이곳에 사당을 세우고 제사를 드린다. 노자의 생애사적에 대해서는 선진의 문헌에 드문드문 기록이 남아있을 뿐이다. 그 가운데 『장자莊子』에 실린 노자의 죽음에 대해서는 옛사람들은 우언寓言에 지나지 않는다고 여겼다. 비교적 믿을 만한 것으로는 공자가 노자에게 예禮에 대해 물었다는 기록이다. 노자는 도덕을 닦았고, 그의 학문은 자신을 숨기는 것을 책무로 삼았다. 주周나라가 쇠퇴하자 세상을 버리고 떠나던 노자는 함곡관을 지나다가 관령 윤희의 요청으로 5천 자의 저술을 지어 도덕道德의 대의를 말하고 어디론가 떠나버렸다. 노자는 대략 기원전 6세기를 전후해 활동한 인물이다.

『도덕경』에는 노자의 사상이 담겨져 있다. 노자의 사상은 '무명無名의 도道'를 핵심으로 삼고, '용약用弱'을 요체로 삼으며,

'청정자연淸淨自然'과 '반박귀순返樸歸淳'을 귀의로 삼아서 치국治國과 치신治身의 두 가지 측면을 언급한다.

『도덕경』에 나타난 노자의 사상은 표면적으로는 '도道'와 '덕德'의 두 가지로 나누어지지만, 기실 그 이치는 우주에서 인생까지, 인생에서 정치와 사회까지 일맥상통한다. 도가사상의 토대를 쌓은 노자는 처음으로 세상만물은 모두가 하나의 신비한 모체母體인 '도道'에서 나왔다는 주장을 내놓았다. 노자가 말한 도는 형체도 없고 이름도 없고 볼 수도 없고 만질 수도 없고 말로 형용할 수도 없는 특징을 지닌다. 그것은 천지가 개벽하기 이전의 원초적 혼돈의 모습이며, 또한 형태를 지닌 일체의 사물을 초월하는 최고의 자연법칙이다. 대도大道는 형체도 없고 이름도 없지만 형태를 지닌 모든 사물의 생성과 발전의 현기玄機를 잉태한다. 노자는 "'도'는 무극無極이며, 무극은 양의兩儀를 낳고, 양의는 삼재三才를 낳고, 삼재에서 만물이 생겨난다. 만물은 음의 기운을 등에 지고 양의 기운을 앞에 안고서 음과 양의 사이에서 조화를 이룬다."고 하였는데, 이는 우주의 생성과 변화에 관한 도가의 기본이론이다.

'도'와 상대되는 또 하나의 개념이 '덕德'이다. 덕의 의미는 득도得道로, 도의 자연법칙에 따라 자신을 수양하고 나라를 다스리는 것이다. 노자는 '도'를 신비한 세계의 본원本原으로 간주하고, 사람들이 구체적 지식을 배워서 갖가지 복잡한 외부의 현상에 미혹되는 것을 반대했다. 그는 부단히 변화하는 사물의 배후에 숨어 있는 도리와 준칙을 직접적으로 깨달으라고 주장했다. 그것을 체득하는 방법은 눈을 감고 귀를 막고, 거룩함을 끊고 지혜를 버리고, 잡된 욕심을 버리고 마음의 거울을 살피고, 마음을 허무의 경지에 이르게 하고, 허무의 마음을 변함없이 오래도록 지키는 것이다. 즉 감각기관과 외부사물의 접촉을 끊고, 주관적 선입관을 버려서 내심의 청정무욕을 자연의 도와 완전히 부합되는 '현동玄同'의 경지에 이르게 하는 것이다. 그래야만 비로소 만물이 모두 도에서 근원했고, 또한 도에 귀결된다는 진리를 깨달을 수 있다는 것이다.

노자의 사상에는 변증법적 요소가 포함되어 있다. 그는 아름다움과 추함, 선과 악, 화와 복, 있음과 없음, 어려움과 쉬움, 높음과 낮음 등 서로 대립적인 측면의 상호 의존적 관계를 발견했으며, 아울러 사물의 발전과정에서의 '물극필반物極必反'과 대립되는 양측이 상호 전화轉化하는 이치를 인식해 냈다. 또한 사물의 변화는 순환하는 것이지만 최종적으로는 정지불변靜止不變의 도에 돌아간다고 인식하였다.

노자의 사상은 춘추전국시대의 사회변혁에 직면한 일부 귀족학자들의 내면적 고통을 드러낸 것으로, 사회질서를 회복하고 전란과 다툼을 줄이고 싶었던 심정을 보여준다. 그는 성인聖人(즉, 통치자)의 치국과 수신은 천도의 자연스러움에 따라 욕심을 억제하고 부드러움을 지키고 '청정무위淸淨無爲'해야 한다고 주장했다. 그는 유가儒家와 묵가墨家에서 주장하는 예의, '상현유위尙賢有爲'의 정치윤리학설을 반대하면서, 이는 도덕을 붕괴시키고 사람들을 서로 다투게 만드는 원인이라고 여겼다. 그의 정치적 이상은 옛날의 '소국과민小國寡民', '지족상락知足常樂', '여세무쟁與世無爭'의 상태로 돌아가는 것이었다. 이런 사상은 노자철학의 소극적이고 보수적인 한계를 보여준다.

노자의 사상체계를 전체적으로 파악하는 것은 노자의 명언 한마디 한마디를 이해하는 전제가 된다. 따라서 여기서 그 대략을 소개하는 것이다.

『도덕경』은 두드러진 특징을 지닌다. 첫째, 사상이 깊다는 것이다. 특히 추상적이고 사변적이고 체계적이라는 점은 가장 두드러진 특징이다. 『도덕경』은 계통적인 철학 체계, 비교적 높은 추상적 사유 수준과 개괄 능력을 보여준다. '천도자연天道自然'을 핵심으로 하는 우주관, '정관현람靜觀玄覽'을 특징으로 하는 인식론, '반反'으로 중심을 삼는 변증법 사상, '허정담박虛靜淡泊'과 '반박귀진反璞歸眞'을 특징으로 하는 인생론은 중국철학사에 있어서 처음으로 나타난 철학 체계다. 추상적이고 사변적이며 체계적인 이론은 같은 시대의 공자나 묵자보다 높고 풍부하다. 둘째, 표현에 있어서 철학적 이치를 문학화했다는 점이다. 『노자』는 운문으로 기술된 한 편의 철학시다. 그것은 현묘한 이치를 풍부하고 생생한 비유와 기발한 상상력으로 표현함으로써 보는 이에게 거기에 담긴 깊은 의미를 깨닫도록 이끌어준다. 『도덕경』의 구절은 대우對偶가 정연하고 생동감이 넘치고 음절이 조화로워서 암송하기에 좋을 뿐 아니라 여운 또한 그윽하여 자못 문학적 정취를 지닌다. 뿐만 아니라 대비의 방식을 널리 사용해 의미를 심화시킨다. 추상적 이치를 이처럼 표현해 낸 방법은 후세에 큰 영향을 주었다.

요컨대 『도덕경』은 후세의 철학, 문학, 도덕, 정치, 군사 등에 두루 영향을 줌으로써 정신문화의 이론적 근거가 되었다.

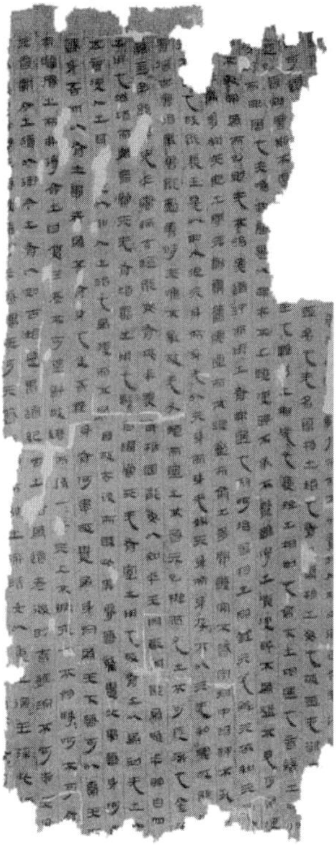

백서본帛書本 『도덕경』
1973년 중국 호남성 장사長沙 마왕퇴馬王堆의 한나라 고분에서 출토되었다.

「청우노자도靑牛老子圖」(송나라 격사緙絲 그림)
노자는 함곡관에 이르러 윤희에게 도덕경 5천언을 말하고 소를 타고 주나라를 떠났다고 전한다.

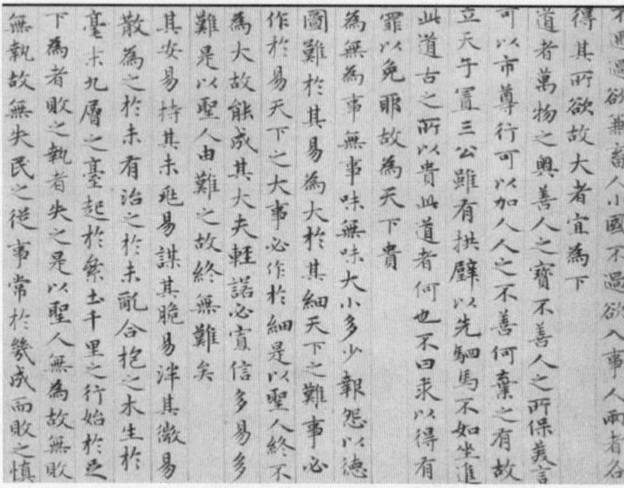

원나라 조맹부趙孟頫가 쓴 『노자도덕경권老子道德經卷』

당나라 현종玄宗의 어서御書 『도덕진경道德眞經』
도가의 경전인 『도덕경』은 당나라 때에는 도교의 경전으로 신봉되기도 하였다.

노자의
도덕경 이야기

01.
공을 이루면 물러나는 것이 하늘의 섭리다

불들어 채우는 것은 적당한 때에 그만두는 것만 못하고,
갈아서 날카롭게 하는 것은 날카로움을 오래 보존하지 못한다.
금은보화가 집안에 가득하면 아무도 그것을 지키지 못하고,
부귀하면서도 교만하면 스스로 재앙을 불러들인다.
공을 이루면 물러나는 것이 하늘의 섭리다.

持而盈之지이영지, 不如其已불여기이;
揣而銳之췌이예지, 不可長保불가장보.
金玉滿堂금옥만당, 莫之能守막지능수;

富貴而驕부귀이교, 自遺其咎자유기구.
功遂身退공수신퇴, 天之道也천지도야.

「도덕경」 제9장

풀이

持지 붙잡음. **盈**영 가득함.
已이 그침, 그만 둠.
揣췌 두드려서 날카롭게 다듬음. 재주를 드러낸다는 뜻.
咎구 재앙. **遂**수 이룩함.
天之道천지도 자연의 섭리.

해설

이는 사물이 변화하고 발전하여 극치까지 이르면 반전하게 마련이라는, '물극필반物極必反'의 이치를 언급한 말이다.

사람은 만족을 모르면 스스로 화를 불러들일 수 있다. 그것은 물은 가득 차면 넘치고, 연장은 너무 날카로우면 부러지게 마련인 것과 같은 이치다. '금옥만당金玉滿堂'이라는 말이 있다. 진귀한 물건이 집안에 가득하다는 의미지만, 사람의 영혼을 병들게 하여 생활을 방탕하게 만들 수 있으며, 또 남에게 시샘을 당해 빼앗기게 될 수도 있다. 따라서 부유해지거나 신분이 귀해지면 더욱 조심해야 한다. 그렇지 않으면 쉽게 교만한 마음이 싹트기 때문에 갖가지 화난을 불러들이게 된다.

"공을 이루면 물러나는 것이 하늘의 섭리다."라는 말은 노자가 제시한 인생 신조다. 노자는 사람이 "공을 이루면 물러나는 것"은 마치 낮과 밤이 바뀌고, 계절이 변하고, 꽃이 피고 지는 자연계의 순환원리처럼 하늘의 섭리에 부합되는 이치라고 여겼다.

사람은 공을 이루면 용기 있게 물러나 천명을 지켜야 한다. 만약 그렇지 못하면 큰 화를 불러들일 수 있다. 역사를 돌아보면 "공을 이루고 물러나는" 방법으로 자신을 지킨 명인名人들의 사례를 흔히 찾아볼 수 있다. 범려范蠡는 그 대표적인 인물이라고 할 것이다.

예화

범려가 공을 이루고 스스로 물러나다

범려范蠡는 중국 춘추春秋시대 말기의 유명한 정치가로, 본래 초楚나라 출신이었지만 월越나라로 가서 대부大夫가 되었고 나중에는 장군의 자리에 올랐다.

범려가 월나라 임금 구천句踐을 보필하던 무렵에 월나라와 오吳나라 사이에는 해묵은 원한이 있었다. 오나라 임금 부차夫差는 날마다 군사를 조련하며 월나라를 공격할 채비를 갖추었다. 당시 구천은 오나라를 선제공격하려고 했지만 범려는 이를 말렸다.

“무기는 상서롭지 못한 물건이고, 전쟁은 도덕에 어긋나는 행위입니다. 하늘이 이를 돕지 않을 것입니다.”

구천은 범려의 말을 듣지 않고 부초夫椒라는 곳에서 오나라와 싸움을 벌였지만 패배하여 수군水軍 대부분이 궤멸하고 말았다. 다급해진 구천은 패잔병을 이끌고 회계산會稽山으로 피신했지만 추격해 온 오나라 군사에게 포위되고 말았다. 구천은 비로소 후회했지만 아무 소용이 없었다. 구천은 범려에게 이렇게 말했다.

“그대의 말을 듣지 않았다가 이런 꼴이 되고 말았소. 이제 어쩌면 좋겠소?”

“어차피 이렇게 되었으니 오나라 임금에게 후한 예물을 보내고 강화講和를 청하는 수밖에 없습니다.”

달리 뾰족한 수가 없던 구천은 문종文鍾을 오나라에 보내 강화를 요청했다. 거듭 간곡히 요청한 끝에 부차는 구천의 청을 받아들이고 군사를 거두었다. 하지만 한 가지 조건이 있었다. 구천을 인질로 오나라로 데려가 자신의 시중을 들게 한다는 것이었다. 이에 구천은 모든 국사國事를 문종에게 맡기고, 범려를 데리고 오나라로 갔다.

부차는 구천과 범려에게 선왕先王의 무덤가에 지어놓은 돌집에서 기거하게 하고, 자신의 말을 돌보게 하였다. 매번 부차가 외출할 적이면 구천은 마부 노릇을 하였다. 범려의 생활은 더 고달팠다. 부차의 시중을 들어야 했으며, 남의 눈을 피해 가며 구천의 시중도 들어야 했다. 게다가 오나라의 주요 인사들에게 수시로 선물을 보내 환심을 사고 아울러 정세가 어떻게 돌아가는지도 부지런히 살펴야 했다. 또 구천이 힘들어할 적이면 이제까지의 노력이 헛되지 않도록 달래야만 하였다.

이렇게 3년에 걸친 고통스러운 시간이 흘렀다. 부차는 이제 구천이 진정으로 자신에게 복종한다는 믿음이 들었다. 이에 부차는 구천과 범려를 월나라로 돌아가게 허락했다.

월나라로 돌아온 구천은 지난 세월 동안의 치욕을 씻고자 침실에는 비단 이불 대신 땔나무를 깔고 잤고, 방안에 쓸개를 매달아놓고 식사를 할 적마다 쓸개의 쓰디쓴 맛을 보았다. 여기서 그 유명한 '와신상담臥薪嘗膽'이라는 말이 유래되었다.

구천은 재능이 뛰어나고 충성심이 깊은 범려를 깊이 신임하여 국정을 맡기려 하였다. 하지만 범려는 이렇게 말했다.

"군사를 조련하고 전투를 수행하는 것은 제가 문종보다 낫지만, 나라를 다스리고 백성을 보살피는 것은 문종이 저보다 낫습니다."

구천은 결국 국정은 문종에게 맡기고, 범려에게는 군사업무를 맡겼다.

범려는 저라산苧蘿山으로 가서 서시西施라는 미녀에게 나라를 위해 희생하라고 설득해 오나라로 보냈다. 서시에게 첫눈에 반한 부차는 밤낮으로 고소대姑蘇臺에서 서시와 함께 시간을 보내며 국정을 돌보지 않았다. 서시는 범려의 사주대로 틈만 나면 부차에게 월나라에 대해 좋은 이야기를 하였고, 부차는 차츰 월나라에 대한 경계심을 풀었다.

10년의 세월이 흘렀다. 월나라는 예전의 강한 국력을 회복하였고, 기원전 482년에는 오나라를 공격함으로써 더 이상 신하의 예를 갖추지 않게 되었다. 기원전 477년, 범려와 문종은 군사를 거느리고 오나라의 고소성을 포위했다. 고소성을 포위한 지 3년 만에 오나라는 항복하고 부차는 스스로 목숨을 끊었다. 마침내 구천은 강회江淮 일대의 주도권을 장악하고, 춘추시대의 마지막 패자霸者가 되었다.

구천을 시종일관 보필해 패자의 위업을 이룩하게 만든 범려는 상장군上將軍에 오르고 제후에 버금가는 작위를 받게 되었다. 하지만 범려가 지혜로운 것은 그가 결코 허울 좋은 명성이나 부귀에 얽매이지 않았다는 점이다. 그는 주군을 보필해 대업을 이룩한 것으로 필생의 대업에 원만한 종지부를 찍고, 새로운 인생을 살기로 결심했다.

범려는 구천에게 편지를 보냈다. 편지의 주된 내용은 이렇다.

"지난날 회계산에서 주군께서 곤욕을 치르게 만든 죄는 죽어 마땅한 것입니다. 이제 천하가 안정을 되찾았으니 저를 버려 주십시오."

범려는 오랜 친구인 문종에게도 편지를 보냈다.

"새 사냥이 끝나면 활은 활집에 넣어두게 마련이네. 그러니 자네도 이제 멀리 떠나 자유로운 삶을 사시게."

하지만 문종은 범려의 권고를 따르지 않았다. 그는 훗날 구천에게 핍박을 받고 스스로 목숨을 끊었다.

범려는 일찌감치 만반의 준비를 갖추었다. 그는 자신이 소유한 보배를 배에 싣고 몇몇 측근과 서시를 데리고 몰래 월나라를 떠났다. 범려는 바닷길을 따라 북쪽의 제齊나라로 올라가 이름을 치이자피鴟夷子皮로 바꾸고 정착했다. 그는 자식들에게 절대로 정치에 나서지 말고, 오직 경제 활동에만 힘을 쏟으라고 당부했다. 얼마 지나지 않아 범려는 엄청난 재산을 모으게 되었다. 당시 제나라에서는 범려의 이재理財 능력에 감탄해 재상의 자리를 맡기려고 하였다. 그러자 범려는 이렇게 탄식했다.

"집안에는 천금千金의 재산을 모으고 벼슬길에서 재상에 오르는 것은 포의지사布衣之士가 이를 수 있는 최고의 자리지만 오래도록 존귀한 이름을 누리는 것은 상서롭지 못하다."

범려는 재상의 자리를 거절하고 또 자신이 모은 재산을 사람들에게 모두 나눠주었다. 그는 약간의 재물만을 휴대하고 가까운 친지들을 데리고 제나라를 떠나 도陶라는 곳에 은둔하고 이름을 다시 도주공陶朱公으로 바꿨다.

범려는 도 땅에서 19년을 살면서 세 번이나 천금의 재물을 모았다. 그는 재물이 모이면 그것을 사람들에게 다시 나눠주었다. 이렇게 세 번을 되풀이한 뒤에 서시를 데리고 도 땅을 떠나 태호太湖를 유랑하며 자유로운 여생을 누렸다.

02. 총애와 능욕에 놀라지 말라

총애를 받거나 능욕을 당하면 놀란 것처럼 하고, 큰 화를 자신의 목숨처럼 중요하게 여겨야 한다.

寵辱若驚총욕약경, 貴大患若身귀대환약신.

「도덕경」 제13장

풀이

寵총 총애를 받음.
辱욕 능욕을 당함.
驚경 놀람.
貴귀 중시함.

해설

이는 남에게 총애를 받거나 능욕을 당할 적에 어떻게 대처해야 하는지 언급한 말이다. 이런 경우에 놀라거나 놀라지 않는 두 가지 반응을 보이게 되는데, 그것이 가져오는 결과도 서로 다르다.

노자는 남에게 총애를 받거나 능욕을 당했을 적에 놀라는 것을 일러 "총애를 받거나 능욕을 당하면 놀랄 것이다."라고 하였다. 자신에 대한 수양이 부족하면, 남에게 총애를 받거나 능욕을 당하면 놀라고 두려워하여 큰 화를 불러들이게 된다. 그러므로 남에게 총애를 받거나 능욕을 당했을 적에 놀라는 것은 실패의 요인이 된다.

반면 남의 총애나 능욕에 놀라지 않는다면 이와 반대의 결과를 가져온다. 노자는 남의 총애와 능욕에도 아랑곳 않는 것을 일러 "총애와 능욕에도 놀라지 않는다."고 하였는데, 이는 성공의 요인이 된다. 노자는 이런 자세를 지니라고 강조했다. 이런 태도는 후세에도 미덕으로 널리 칭송받았다. 역사를 돌아보면, 당唐나라 이백李白 같은 사람은 바로 이런 부류에 해당되는 인물이었다.

남의 총애와 능욕에 놀라지 않는다는 것은 결코 세상일에 무관심하거나 둔감하다는 의미는 아니다. 총애와 능욕 앞에서는 분명한 마음가짐을 지녀야 한다. 영예를 얻게 되면 이를 발전의 동력으로 삼고, 모욕을 받게 되면 이를 인생의 경종으로 삼아야 한다. 그러면 순조로운 상황에서는 자신의 힘을 더하고, 어려운 상황에서도 떨쳐 일어남으로써, 인생의 큰 목표를 향해 부단히 매진할 수 있다.

예화

과거장에서 쫓겨난 이백이 외교문서를 해독하다

이백李白은 당唐나라 때의 천재 시인이다. 천보天寶 원년인 742년, 그는 과거시험을 보려고 도성 장안長安을 찾았다.

당시 시험관이던 양국충楊國忠과 환관 고력사高力士는 무척 탐욕스러운 인물이었다. 미리 그들에게 성의를 표시하지 않으면 시험을 아무리 잘 보더라도 낙방한다는 소문이 파다하게 나돌았지만 이백은 그들에게 아무런 성의도 표시하지 않았다.

과거시험장에서 이백은 스스로 만족스러울 정도로 훌륭하게 답안을 작성해 나갔다. 하지만 양국충은 그의 답안을 내려다보며 의도적으로 비꼬았다.

"이런 서생書生은 내 먹이나 갈아야겠군!"

그러자 고력사가 옆에서 거들었다.

"먹을 갈다니요? 너무 추켜세우시는구려. 내 신발이나 벗기는 편이 낫겠소."

그들은 결국 이백을 시험장에서 강제로 퇴장시켰다.

일 년이 지난 어느 날, 한 외국 사신이 당나라에 외교문서를 전했다. 그런데 외교문서에는 마치 새와 짐승의 발자국 같은 알 수 없는 문자들로 가득했다. 현종玄宗은 양국충에게 이를 해독하게 하였지만 양국충은 전혀 해독하지 못했다. 조정의 문무백관 가운데서 문서를 해독할 수 있는 사람은 아무도 없었다. 그러자 현종은 발끈 화를 냈다.

"문서의 내용을 사흘 안에 해독하지 못하면 대신들의 녹봉 지급을 중지하고, 엿새 안에 해독하지 못하면 면직시키고, 아흐레 안에도 해독하지 못하면 모두에게 죄를 물을 것이오!"

이런 상황에서 누군가 이백을 추천했다. 이백은 이웃 나라에서 온 외교문서를 대충 훑어보더니 이내 답장을 준비했다. 이백은 대신들 가운데 가장 앞자리에 있는 양국충과 고력사를 보면서 현종에게 이렇게 말했다.

"신이 작년에 과거에 응시했을 적에 양국충과 고력사는 저를 시험장에서 내쫓았습니다. 그런데 지금 여기서 두 사람을 다시 만나게 되었습니다. 바라건대 폐하께서는 양국충에게는 신을 위해 먹을 갈게 하시고, 고력사에게는 신의 신발을 벗기게 하십시오. 그러면 신은 이내 답장을 작성해 폐하의 명을 욕되지 않게 할 것입니다."

현종은 기뻐하며 이백의 청을 따랐다. 양국충은 화를 억누르며 먹을 갈았고, 고력사는 분노를 삼키며 이백 앞에 무릎을 꿇고 두 손으로 신발을 벗겼다.

이백은 능욕을 당하면서도 화내지 않았고, 총애를 받으면서도 놀라지 않았다. 이후 이백은 한림학사翰林學士에 올라 황제의 총애를 받았지만, 스스로 글을 올려 떠나기를 요청했다. 이백이 한순간의 총애와 모욕에 놀라거나 당황하지 않았던 것은 범속함을 넘어선 현자賢者의 경지를 보여준 것이라고 하겠다.

03. 소박함을 끌어안고 진실함을 견지하라

물들이지 않은 실을 보고 손질하지 않은 옥을 품으며, 사사로운 마음을 줄이고 욕심을 덜어내라.

見素抱樸견소포박, 少私寡欲소사과욕.

「도덕경」 제19장

풀이

素소 물들이지 않은 실.
樸박 가공하지 않은 옥.
抱포 품음. 가슴에 안음.
寡과 줄임. 덜어 냄.

해설

욕망이란 어떤 물건을 가지고 싶어하거나 어떤 목표에 이르고 싶어하는 욕구를 갖는 것으로, 생명을 유지하려면 반드시 필요한 것이다. 노자도 이런 욕망을 없애거나 끊어버리라고 주장하지는 않는다. 그는 사람은 자연의 산물로, 자연의 본성이 곧 사람의 본성이라고 여겼다. 때문에 노자는 "맛있는 음식, 멋진 의복, 편안한 거처, 즐거운 풍속" 같은 식욕과 색욕色慾을 언급하면서 사람이 생존의 욕망을 갖는 것은 자연스러운 것이라고 여겼다.

문제는 사람에게는 자연적 욕구 이외에 인위적 욕구가 존재한다는 것이다. 예컨대 놀음, 재물, 권력, 명성, 지위 같은 것으로, 이는 누구나 갖고 싶어하는 욕망들이다. 노자는 이런 인위적 욕구를 줄이고 버릴 것을 주장한다. 이런 신체 밖의 욕구는 인간의 삶을 해치기 때문이다. 노자는 욕망을 억제하는 것은 인생에 중요한 의미를 지닌다고 여겼다. 손질하지 않은 옥을 가슴에 품는다는 것은 본연의 진실함을 지키고 사사로운 욕망에 흔들리지 않는다는 말이다.

요컨대 노자의 이 말은 소박하고 진실하고 떳떳하고 두터운 본성을 지킬 것을 요구한다.

예화

우성룡이 청백리의 전형적 모습을 보여주다

청淸나라 초기에 훌륭한 업적을 남긴 '우성룡于成龍'이라는 두 명의 관리가 있었다. 한 사람은 자字가 진갑振甲으로 황하黃河와 영정하永定河의 치수治水에 탁월한 공적을 남겼고, 다른 한 사람은 자가 북명北溟으로 "천하제일의 청백리"로 명성을 떨쳤다. 아래 이야기는 북명 우성룡의 일화다.

1661년 어느 날, 모두가 잠든 이른 새벽이었다. 새벽을 알리는 닭 울음소리만이 정적을 깨뜨렸다. 세상은 아직도 어둠에 싸여 있던 시간에 산서성山西省 영정永定에 있는 한 집에서는 흐느끼는 소리가 새어 나왔다. 가장인 45세의 우성룡이 시종 몇 명을 데리고 광서廣西 지방의 나성羅城에 지현知縣으로 부임하려고 길을 나서는 것이었다. 나성은 영정에서 수천 리나 떨어진 곳으로, 몇 달이 걸려야만 겨우 도착할 수 있는 곳이었다. 게다가 당시는 새로운 왕조가 들어선 지 얼마 되지 않아 인적이 드물었고 도처에 강도와 맹수가 출몰해 위험하기 짝이 없었다. 더욱이 북쪽 사람들은 남쪽 지방의 풍토에 익숙하지 못해 중도에 병을 얻고 목숨을 잃는 경우가 다반사였다. 때문에 북쪽 사람들은 남쪽 지방을 풍토병의 고장쯤으로 여기고 있었다. 우성룡은 지금 가족들과 헤어지면 언제 다시 만나게 될지 알 수 없다는 것을 잘 알고 있었다. 그는 떠나기에 앞서 집안의 재산 문서 일체를 맏아들에게 건넸다.

"이제는 네가 집안을 잘 보살펴라. 내 걱정은 잊어라."

우성룡은 오랜 여정 끝에 나성에 도착했다. 그곳에서 그가 보고 들은 것들은 온통 놀라울 따름이었다. 20년 넘게 계속된 전란은 끝났지만 계층과 민족 사이의 갈등은 실타래처럼 얽혀 있었고, 농토는 황폐했으며, 백성들은 마치 화살에 놀란 새처럼 겁에 질려 있었다. 관청이 소재한 지역도 달랑 여섯 가구만이 살고 있었으며, 청사에는 담장조차 없었다. 우성룡은 우선 돌을 쌓아 탁자를 만들고, 문 앞에 솥을 걸고 밥을 해먹으며, 집무를 시작했다. 관할 지역에 사는 여러 민족들 사이에는 일촉즉발의 팽팽한 긴장감이 감돌고 있었고, 또 맹수가 수시로 출몰해 우성룡은 밤중에도 칼을 베고 잠들어야 했다.

해결해야 할 일은 그야말로 산더미처럼 쌓여 있었다. 우성룡은 먼저 두 가지 일에 착수했다. 하나는 지역을 안정시키는 것이었고, 다른 하나는 경제를 회복시키는 것이었다. 우성룡은 백성들의 부역을 줄이고 구호소를 마련해 백성들이 편안히 생업에 종사하게 하는 한편, 무기의 개인적 휴대를 엄격히 금지하고, 강력 범죄가 발생하면 엄정하게 처리했다. 아울러 오랫동안 나성의 안정을 위협하던 소수민족의 산채를 일일이 찾아다니며

끈질기게 설득한 끝에 마침내 민족 사이의 화해를 이끌어냈다. 나성은 빠르게 안정되어 갔다.

우성룡은 농업 생산성을 높이는 것이 사회 안정과 경제 번영을 이루는 장기적 계책임을 알고 있었다. 그는 농번기가 되면 사방을 돌며 사람들을 격려하고, 게으른 사람들은 꾸짖고 잘못된 방법을 사용하는 사람들은 일깨워주었다. 때문에 백성들은 그가 찾아오면 환호성을 울리며 에워싸고 이런저런 것들을 물어보았다. 나성은 조금씩 나아졌고 차츰 풍요한 고장으로 바뀌었다.

우성룡과 나성의 백성들은 마치 가족처럼 지냈다. 우성룡은 보통 관복을 입지 않았으며, 권위를 내세우지도 않았다. 나성은 작은 고장이어서 우성룡은 집집마다의 사정을 마치 손바닥 들여다보듯 훤히 파악했다. 백성들도 그를 찾아와 집안일을 의논했다. 백성들은 우성룡이 궁색하게 지내는 모습에 이런저런 물건들을 보내왔지만 우성룡은 일체 받지 않았다. 순박하고 선량한 백성들은 우성룡의 모습에 감동의 눈물을 흘렸다. 그러면 우성룡은 이렇게 그들을 달랬다.

"혼자 생활하기에 별로 필요한 것이 없소. 그러니 이건 부모님께 갖다 드리시오. 그러면 내가 받은 것이나 다름 없소."

우성룡은 나성에서 근무하는 6년 동안 훌륭한 업적을 남기고 사천四川 합주合州의 행정장관으로 옮겨가게 되었다. 1667년 어느 날, 동이 트지도 않은 이른 새벽에 우성룡은 깨끗한 관복으로 갈아입고 시종 한 사람을 데리고 나성을 떠났다. 나성 사람들은 이른 새벽부터 몰려나와 눈물을 흘리며 수십 리 밖까지 전송했다.

명明나라 말기에 사천 지방에서는 장헌충張獻忠이 이끄는 봉기군이 수년에 걸쳐 청나라 군사에게 격렬히 저항했다. 때문에 당시에는 전국 어디서나 사천 지방을 전란에 휩싸인 고장으로 여겼다.

우성룡은 부임하자 먼저 사회를 안정시키고 경제를 회복시키는 일에 착수했다. 또 각종 폐단을 제거하고 관리들에게 검소한 생활을 제창하고자 몸소 모범을 보였다. 사람들은 우성룡이 가마를 타거나 의장대를 대동하지 않고, 시종 한 사람만 데리고 다니는 모습을 흔히 볼 수 있었다. 전란이 휩쓸고 지나간 뒤인지라 합주는 인구가 크게 줄었고 토지는 무척 황폐해져 있었다. 우성룡이 떠돌이 백성들에게 밭갈이 소와 종자를 빌려주어 황무지를 개간하게 하자 순식간에 많은 사람들이 모여들었고 인구는 빠르게 늘어났다. 아울러 학교를 세우고 공자孔子에게 제사를 올리는 등 문화 회복에도 힘을 쏟았다.

그 후 우성룡은 승진을 거듭해 봉강대리封疆大吏에 올랐지만,

여전히 백성들의 사랑과 존경을 받는 청백리였다.

청나라 초기에 관리들의 급여는 매우 낮았다. 우성룡은 비록 고관에 올랐지만, 그가 받는 급여는 은 10냥에도 미치지 못했다. 황금을 흔한 돌멩이처럼 여기는 고관대작들에게는 한 끼 식사비도 되지 않는 금액이었다. 때문에 아무리 검소한 생활을 하더라도 간신히 중간 수준의 생활을 유지할 수 있을 정도였다. 하지만 대다수 관리들에게는 급여는 전혀 문제가 되지 않았다. 그들에게는 별도로 재물을 챙기는 방법이 있었다. 관리들은 해마다 백성들에게서 거둔 은을 녹여 은괴로 만들었다. 은을 녹이다 보면 손실이 생기게 마련이기에 관리들은 법에 정해진 세금 이외에 일정 비율을 추가 징수해 손실을 메웠다. 그런데 가공하는 과정에서 생기는 손실은 기실 100분의 1도 되지 않았지만, 관리들은 대략 10퍼센트 내지 50퍼센트를 초과 징수했고, 국가에서도 이를 묵인했다. 그래서 "3년 동안 지방의 행정장관을 지내면 10만 냥의 은이 생긴다."는 말이 나돌 정도였다. 하지만 우성룡은 자신의 봉급만으로 청빈하게 생활했을 뿐 부정한 방법으로는 단 한 푼의 재물도 챙기지 않았다.

우성룡은 나성에서 근무한 경우를 제외하고는 모두 풍요로운 고장에서 요직을 맡았기에 재물을 모으는 것은 어렵지 않은 일이었다. 하지만 그는 대단히 청렴했다. 그는 관직 생활을 하는 동안 가족을 데리고 부임한 적이 없었으며, 그가 가지고 다닌 것은 대나무 탁자, 솥 두 개, 책 열 묶음이 전부였다. 당시 강희康熙 황제는 우성룡을 일러 "천하제일의 청백리"라고 칭찬하면서 끝까지 절개를 잃지 않기를 희망했다.

우성룡은 오랜 관직생활 때문에 어머니를 봉양할 수 없었다. 이는 그에게 줄곧 가슴 아픈 일이었다. 그는 강남총독으로 부임하기 직전에 어머니가 세상을 떠나자 고향으로 돌아가 어머니의 장례를 치른 뒤에 부임했다.

당시의 제도에 따르면, 부임길에서는 연도의 고을에서 관리를 접대할 의무가 있었다. 하지만 우성룡은 노새가 끄는 수레를 타고 조용히 임지로 부임했다. 우성룡은 강남총독을 지내는 동안에도 갖가지 폐습을 없애고 고장을 안정시켰다. 또 백성들의 풍속을 살피려고 수시로 변복變服을 하고 시찰을 나갔는데, 이는 민간에서 미담으로 전해졌다. 당시 강남 지방에서는 사치를 숭상하는 풍속이 있었는데, 우성룡이 베옷을 입고 다니자 하급 관리들도 이를 따르는 수밖에 없었다.

1684년, 우성룡은 임지에서 세상을 떠났다. 향년 68세였다. 수하들이 유성룡의 유품을 정리해 보니 대나무 상자에 든 옷가지 몇 점과 머리맡에 놓인 식기 몇 개가 전부였다. 변강대리를 지냈으면서도 청빈하기가 이런 사람이 수천 년 역사에 몇 명이나 있었겠는가? 우성룡이 세상을 떠났다는 소식에 백성들은 오열했고, 집집마다 그의 영정을 그려놓고 제사를 올렸다. 강희황제는 그에게 '청단淸端'이라는 시호를 내렸다.

04.
자신을 과시하거나 자만하지 말라

스스로 드러내지 않기에 드러날 수 있고,
스스로 옳다고 여기지 않기에 분명해질 수 있으며,
스스로 과시하지 않기에 공로가 드러나고,
스스로 자만하지 않기에 오래갈 수 있다.

不自見불자현, 故明고명;
不自是불자시, 故彰고창;
不自伐불자벌, 故有功고유공;
不自矜불자긍, 故長고장.

「도덕경」 제22장

풀이

自見 자현 스스로 사람들에게 드러냄.
伐 벌 과시함.
彰 창 뚜렷함, 현저함.
矜 긍 교만함.

해설

사람은 너무 주관적이거나 자만해서는 아니 되며, 오직 겸허함만이 사람을 발전하게 만든다는 것을 일깨우는 말이다.

역사를 돌아보면 "스스로 드러내지 않기에 드러날 수 있고, 스스로 옳다고 여기지 않기에 분명해질 수 있으며, 스스로 과시하지 않기에 공로가 드러나고, 스스로 자만하지 않기에 오래갈 수 있다."는 노자의 언급과도 같았던 인물을 찾아보기 어렵지 않다. 이와 같은 대표적 인물로는 한나라 때에 '대수장군大樹將軍'이라는 별명으로 불린 풍이馮異와 상산常山 조자룡趙子龍 같은 사람을 들 수 있는데, 그들의 행적을 살펴보면 분명 본받을 만한 점이 있다.

항상 겸허한 태도를 지니고 살아갈 것을 일깨워주는 노자의 이 말을 가슴에 새기고 또 실천한다면 발전적인 삶을 만들어 나갈 수 있을 것이다.

예화

풍이가 큰 나무와도 같은 면모를 보여주다

옛날 중국의 장수들에게는 직책에 따라 '비裨' 장군, '편偏' 장군, '대大' 장군 같은 여러 가지 이름이 더해졌다. 또 '거기車騎', '표기驃騎', '무위武威', '건위建威', '용양龍驤', '호아虎牙' 장군처럼 위엄을 나타내는 말을 덧붙인 직함도 있었다.

그런데 동한東漢 때에 '대수장군大樹將軍'이라는 특이한 이름으로 불린 장수가 있었다. '대수장군'은 풍이馮異라는 인물로, 이는 정식 호칭은 아니었으며, 당시 병사들이 풍이에게 붙여준 일종의 별명이었다.

풍이는 본래 왕망王莽이 한나라를 찬탈하여 세운 신新나라의 지방 관리로, 고향인 하남河南 영천潁川에서 재임하던 무렵에 예하 고을을 살피러 나섰다가 유수劉秀의 군사에게 체포되었다. 다행히 유수의 봉기군에 참가한 사촌형 풍효馮孝와 고향 친구 정림丁琳, 여안呂安 등의 보증과 추천으로 유수에게 재능을 인정받게 되었다. 풍이는 유수가 도량이 넓어서 함께 큰일을 도모할 수 있는 인물이라고 여기고 그에게 자신을 의탁하기로 결심했다. 그리하여 마침내 자기 고을 사람들을 이끌고 유수에게 투항했다.

풍이는 유수의 수하에서 정규 부대를 이끌었으며, 행정 능력을 발휘했다. 특히 그는 태도가 무척 겸손했다. 예컨대 길을 가다가 다른 장수와 마주치면 항상 길을 양보했다. 또 그가 이끄는 부대는 군기가 잘 확립되어 다른 부대의 모범이 되었다. 매번 전투가 끝나면 대개 장수들은 모여 앉아 서로 공을 다투었지만, 풍이는 한 번도 자신의 공을 내세운 적이 없었다. 그는 커다란 나무 아래 홀로 앉아 묵묵히 전투에서 얻은 교훈을 생각했다. 세월이 흐르면서 사람들은 그의 남다른 모습을 발견하고 그를 '대수장군'이라고 부르게 되었다.

풍이가 한단邯鄲을 함락하자, 유수는 거두어들인 군사들을 장수들에게 배분했다. 그런데 군사들은 서로 '대수장군'의 휘하로 들어가겠다고 아우성이었다. 풍이에 대한 군사들의 존경심은 유수로 하여금 풍이를 매우 존중하게 만들었다. '대수장군'이라는 호칭은 전체 군사들 사이에 신속히 퍼져나갔고, '대수장군'은 마침내 군사들이 믿고 따르는 모범적인 모습이 되었다.

서기 30년, 풍이가 도성을 찾아갔을 무렵에 농고隴古에 둥지를 틀고 있던 외효隗囂가 반란을 일으켰다. 그해 여름까지 서쪽을 지키던 장수들은 외효에게 패배를 거듭해 잔뜩 겁을 먹고 있었다. 광무제光武帝 유수는 풍이에게 신속히 순읍栒邑으로 나아가 주둔케 하였다. 그런데 풍이가 순읍에 도착하기도 전에 2만 명의 군사를 거느리고 나선 외효의 장수 왕원王元이 먼저 선발대를 보내 순읍을 차지하려고 하였다. 당시 풍이는 상대의 본진이 도착하기 전에 먼저 순읍을 차지하자고 주장했다. 하지만 장수들은 잇따른 패전으로 간담이 서늘해져 있던 터라 모두가 이를 반대했다.

"적군은 수가 많고 사기가 높아서 예봉을 꺾기 어렵소. 그러니 유리한 장소에 주둔해 있으면서 차근차근 적절한 작전을 펼쳐야 할 것이오."

하지만 풍이는 생각이 달랐다.

"적군은 작은 승리를 탐내 경계선까지 깊이 들어왔습니다. 순읍을 잃으면 관중關中을 지키기 어렵습니다. 저는 이 점이 무척 염려스럽습니다. 지금 우리는 공격력은 부족하지만 방어력은 충분합니다. 서두른다면 순읍을 차지할 수 있습니다."

풍이는 숱한 반대에도 불구하고 직접 군사를 이끌고 순읍으로 들어가 성문을 굳게 잠갔다. 뒤늦게 도착한 왕원은 풍이의 부대가 이미 성안에 들어가 있는 줄도 모르고 전혀 대비하지 않았다. 풍이는 왕원을 기습했고, 혼란에 빠진 상대를 수십 리나 추격해 대파했다. 그러자 북방의 제후 장경정長耿定 등이 위효를 배반하고 한나라 군사에게 투항했다.

이 승리는 전투에서의 승리 그 자체보다 훨씬 큰 이익을 가져다주었다. 그것은 강적인 위효를 무너뜨림으로써 관중의 안전을 확보하고, 농서隴西에 있던 두융竇融을 한나라 편으로 기울게 만들었으며, 사천四川 지방에서 황제를 자칭한 공손술公孫述을 고립시키게 되었던 것이다. 풍이는 이런 전황을 사실 그대로 광무제에게 보고하고, 계속 서북쪽으로 진군했다. 하지만 풍이는 이번에도 자신의 전공을 내세우지 않았다. 그러자 다른 장수들이 그의 공적을 가로채 버렸다.

풍이는 서북쪽으로 진격해 영역을 크게 넓히는 탁월한 업적을 남기고, 서기 34년 여름에 병영에서 병으로 세상을 떠났다.

풍이는 전투과정에서 은신사恩信使를 잘 활용해 싸우지 않고 상대를 투항하게 만들었다. 그가 이끄는 부대는 가는 곳마다 백성들의 억울한 사연을 듣고 해결해 주었고, 포로로 잡힌 적군은 단 한 사람도 죽이지 않고, 귀향시키거나 본업에 복귀시켰다. 이처럼 부하를 아끼고 백성의 생명과 재산을 보호한 풍이는 정녕 큰 나무와도 같은 인물이었다. 풍이는 탁월한 전공을 세운 장군이었을 뿐 아니라 사람들이 우러러 본받을 만한 인물이었다.

05.
스스로 드러내는 사람은 드러나지 못한다

발돋움을 하고 서 있는 사람은 오래 서 있을 수 없고, 가랑이를 벌리고 성큼성큼 걷는 사람은 오래 걸을 수 없다.

스스로 드러내는 사람은 드러나지 못하고, 스스로 옳다고 여기는 사람은 분명하지 못하다.

스스로 과시하는 사람은 공이 없으며, 스스로 뽐내는 사람은 오래가지 못한다.

企者不立기자불립; 跨者不行과자불행.

自見者不明자현자불명; 自是者不彰자시자불창.

自伐者無功자벌자무공; 自矜者不長자긍자불장.

「도덕경」 제24장

풀이

企 기 발꿈치를 들어 올림.

企者不立 기자불립 자연스러운 조건을 어기고 남보다 높아지려는 사람은 오래갈 수 없음을 비유함.

跨 과 가랑이를 벌리고 성큼성큼 걸음.

跨者不行 과자불행 자연스러운 조건을 어기고 남보다 빨리 가려는 사람은 오래갈 수 없음을 비유함.

해설

발꿈치를 들어 올려 남보다 높아지려는 사람은 견고하게 서 있을 수가 없으며, 성큼성큼 걸어서 남보다 먼저 가려고 하는 사람은 멀리 가지 못하는 법이다. 따라서 스스로 자신을 드러내려고 하면 오히려 드러나지 못하고, 스스로 옳다고 여기면 오히려 명확하지 못하게 되며, 스스로 과시하면 공이 없게 되고, 스스로 뽐내면 오히려 오래가지 못하게 되는 것이다. 때문에 노자는 "발돋움을 하고 서 있는 사람은 오래 서 있을 수 없고, 가랑이를 벌리고 성큼성큼 걷는 사람은 오래 걸을 수 없다."는 말로 스스로 드러내고, 스스로 옳다고 여기고, 스스로 과시하고, 스스로 뽐낸다면 그것은 잠시 지속될 수 있을 뿐 오래갈 수 없다고 하였다. 노자의 이 말은 주관적이거나 자만하는 태도를 버리라는 의미를 담고 있다. 세상을 살아가면서 좌우명으로 삼아 잘 기억하고 실천해야 할 것이다.

스스로 옳다고 여기거나 스스로 뽐내는 사람은 자신을 망치게 된다. 이는 역사적으로나 현실에서나 흔히 발견되는 현상이다. 예컨대 한나라의 예형禰衡이 스스로 뽐내다가 결국 죽임을 당한 일은 이런 교훈을 잘 보여준다.

예화

예형이 교만한 행실 때문에 죽음을 자초하다

한漢나라 말기에 예형禰衡은 기이한 행적으로 널리 알려진 인물이다.

그가 조조曹操가 있던 허도許都에 들렀을 때의 일이다. 예형은 자신의 재주를 뽐내고 남을 깎아내리기 좋아했다. 그는 자신만 못한 사람과는 상대하려고도 하지 않았기에 많은 사람들이 그를 미워했다.

당시 소부少府이던 공융孔融이 예형의 재주를 아껴서 그를 조조에게 적극적으로 추천했다. 하지만 추천을 받은 예형은 먼저 조조를 찾아가려고 하지 않았다. 조조도 예형이 제멋대로 행동하는 자라는 사실을 익히 들어 알고 있었다.

예형은 언젠가 허도에는 '인물'이 없다고 말한 적이 있었다. 예형이 허도에 막 도착하였을 무렵에 누군가 그에게 물었다.

"지금 허도에서는 누가 가장 인물이라고 생각하시오?"

예형은 주저 없이 대꾸했다.

"큰 녀석은 공융이고, 작은 녀석은 양수楊修요."

이 말은 공융과 양수가 그나마 좀 낫고, 나머지는 모두 평범한 존재일 뿐이라는 의미였다. 이에 되물었다.

"조조나 순욱荀彧은 어떻소?"

"그들은 풍채가 괜찮으니 얼굴을 보고 조문弔問을 갈 만하오."

"탕구장군 조치장趙稚長은 어떻소?"

"그 자는 배가 커서 고기를 많이 먹으니 주방장은 맡길 만하오."

조조, 순욱, 조치장에 대한 예형의 모욕적 언사는 결국 조조의 귀에 들어가고 말았다. 조조는 몹시 불쾌했지만, 예형은 널리 알려진 인물이었기에 죽일 수는 없었다. 하지만 조조는 자신에 대한 모욕을 그저 넘길 수는 없었다. 예형에게도 똑같이 모욕을 주고 싶었다. 이에 조조는 예형을 북을 치는 악공樂工에 임명했다. 악공의 일을 맡게 된 것은 자신을 비범하다고 여기던 예형에게는 견디기 힘든 모욕이었다.

조조는 사람들 앞에서 공개적으로 예형에게 모욕을 줄 셈이었다. 한번은 조회를 마친 조조가 빈객들을 모아 연회를 벌이면서 예형에게 북을 두드려 흥을 돋우게 하였다. 당시 규정에 따르면 악공은 반드시 새 옷으로 갈아입고 연주해야 했지만 예형은 평상시 복장 그대로 북을 연주했다. 그러자 담당 관리가 이를 나무랐다. 예형은 조조와 빈객들이 보는 앞에서 입고 있던 옷을 모두 벗어 던지고 천천히 새 옷으로 갈아입었다. 예형은 조금도 부끄러워 하는 기색이 없었다. 오히려 난처해진 조조가 사람들에게 말했다.

"예형을 욕보이려다가 오히려 욕을 당하고 말았소."

예형을 조조에게 추천한 공융이 예형을 나무라며 조조에게 사과하라고 요구하자 예형은 선선히 그러겠다고 대답했다. 하지만 그는 조조를 찾아가 사과하기는커녕 오히려 초겨울 날씨에 홑옷을 걸치고 조조의 영채 앞에 앉아 지팡이로 땅바닥을 두드리며 조조에게 욕설을 퍼부었다. 하지만 조조는 그래도 예형을 죽일 생각은 하지 않았다. 조조는 한 가지 꾀를 생각해냈다. 그는 좋은 말 세 필과 기수 두 명을 준비하게 하고 공융에게 자신의 생각을 일러주었다.

"예형이라는 놈은 너무 제멋대로요. 마치 미치광이 같소. 놈을 죽이는 것은 손바닥을 뒤집는 것처럼 쉬운 일이지만, 놈은 이름이 널리 알려져 있어서 만약 내가 그를 죽인다면 사람들은 내가 사람을 포용하지 못한다고 할 것이오. 그러니 놈을 유표劉表에게 보내, 유표가 어찌 하는가 보아야겠소."

예형은 기병에 이끌려 유표에게로 보내졌다. 조조는 미리 허창許昌의 남석정南釋亭으로 사람을 보내 그곳에서 예형을 전별하게 하였다. 아울러 예형이 도착하면 절대로 그에게 먼저 말을 걸지 말라고 단단히 일러두었다. 그런데 예형은 남석정에 도착하자 느닷없이 통곡을 했다. 어안이 벙벙해진 사람들이 그에게 까닭을 묻자 예형은 이렇게 말했다.

"내가 말 못하는 죽은 자들의 무덤에 왔구려. 그래서 슬퍼서 통곡한다오."

예형은 이렇게 내뱉더니 얼른 말을 달려 쏜살처럼 달아나 버렸다. 사람들은 예형에게 모욕을 주려고 했지만 또다시 그에게 모욕을 당하고 말았다.

형주荊州에 둥지를 틀고 있던 유표와 그의 수하들은 예형에 대해 진작부터 소문을 듣고 있었다. 그들은 예형이 조조에게서 쫓겨 오자 이것이 '차도살인借刀殺人'의 계책임을 단번에 간파했다. 그래서 그들은 일부러 예형을 열정적으로 대접했다. 하지만 예형은 방자한 성품을 여전히 고치지 못했고, 결국 유표의 비위를 건드리고 말았다. 유표는 강하태수 황조黃祖가 속이 좁고 화를 잘 낸다는 사실을 알고, 조조의 '차도살인'의 계책을 본떠, 예형을 황조에게로 보냈다.

황조의 아들 황사黃射는 오래전부터 예형의 명성을 듣고 그를 흠모하던 터였다. 황사는 예형과 절친한 사이가 되었다. 황조 역시 애초에는 예형을 자기 수하에 두게 된 것을 자랑스럽게 여겼다. 한번은 연회 자리에서 어떤 사람이 앵무새를 바쳤다. 황사는 술잔을 들어 예형에게 권하면서 즉석에서 노래를 지었고, 예형은 붓을 잡고 받아썼다. 그렇게 하여 완성된 작품이 유명한 「앵무부鸚鵡賦」다.

조조와 유표의 예상은 빗나가지 않았다. 예형은 결국 구설口舌 때문에 화를 자초해 죽임을 당하고 말았다. 198년, 황조가 배를 띄우고 선상연회를 열었는데, 이 자리에서 예형은 불손한 말을 하여 황조를 난감하게 만들었다. 사람들은 예형을 나무랐고, 예형은 이를 맞받아쳤다. 화가 난 황조는 예형을 심하게 매질했다. 예형은 고래고래 욕설을 퍼부었고, 격분한 황조는 결국 예형을 패 죽이고 말았다. 황사가 소식을 듣고 달려왔을 때는 이미 늦은 뒤였다.

황조는 예형을 죽이고서야 비로소 자신이 조조와 유표를 대신해 유명 인사를 죽인 오명을 뒤집어쓰게 되었음을 알고 후회하면서 예형을 후히 장사지냈다. 당시 예형은 겨우 26세의 꽃다운 나이였다.

06.
경박하고 조급함은 피해야 한다

신중함은 경박함의 뿌리가 되고, 고요함은 조급함의 주재자가 된다.

경박하면 기틀을 잃게 되고, 조급하면 주재자의 지위를 잃게 된다.

重爲輕根중위경근, 靜爲躁君정위조군.
輕則失根경즉실근, 躁則失君조즉실군.

「도덕경」 제26장

풀이

躁 조 조급함. **君** 군 주재함, 다스림.

輕則失根 경즉실근 경솔히 하고 싶은 대로 좇으면 자신을 다스리는 근본을 잃게 됨.

해설

노자는 먼저 "신중함은 경박함의 뿌리가 되고, 고요함은 조급함의 주재자가 된다."며 논점을 정면으로 제기하고, 이어서 "경박하면 기틀을 잃게 되고, 조급하면 주재자의 지위를 잃게 된다."며 논점을 다시 귀결시켰다. 따라서 노자가 여기서 내놓은 신중함과 경박함, 고요함과 조급함은 서로 모순이 된다. 노자는 신중함과 경박함의 대립에 있어서는 신중함이 모순의 주된 측면이 되고, 고요함과 조급함의 대립에 있어서는 고요함이 모순의 주된 측면이 된다고 여겼는데, 이는 노자의 소박한 변증법을 보여주는 것이다.

노자가 말하려는 것은 만승萬乘의 군주가 어떻게 자신의 통치권을 공고하게 할 것인가이다. 노자는 신중함과 경박함, 고요함과 조급함을 함께 거론하면서, 경박하고 조급함은 마치 연줄을 끊어버리는 것과 같은 것으로 경거망동하면 어떤 결과도 얻을 수 없다고 하였다. 역사를 살펴보면, 한나라의 무제武帝가

남의 말을 듣고서 태자를 죽인 사실은 하나의 좋은 사례가 된다. 군주는 경박하고 조급해서는 아니 되며 반드시 신중해야 한다. 그래야만 자신의 통치를 굳건하게 할 수 있는 것이다.

한편, 노자의 이 말에는 인생의 깊은 이치가 담겨져 있다. 경박함은 신중함으로 뿌리를 삼고, 조급함은 고요함으로 주재자를 삼는다는 것은 신중함으로 경박함을 다스리고, 고요함으로 조급함을 다스릴 수 있다는 의미다. 사람이 경박하면 뿌리를 잃게 되므로, 남에게 존중을 받기는커녕 멸시를 당하기 쉽다. 또 일처리가 조급하면 주도권을 잃어서 결과를 얻기 어렵다.

노자의 이 말은 지금도 유효하다. 일처리에 있어서는 심사숙고하고, 때가 성숙되기를 기다려야 하는 것이다. 경솔함, 조급함, 교만함을 경계해야만 비로소 큰일을 도모하고 이룩할 수 있다. 그렇지 않으면 결과를 얻기는커녕 돌이킬 수 없는 잘못을 범하고 말 것이다.

예화

한나라 무제가 태자를 죽음으로 몰아넣다

한나라 무제武帝는 중년에 들어 군사적으로 눈부신 성과를 거두었지만 여전히 만족하지 못하고 사방에서 계속 정복전쟁을 벌였다. 무제의 공적에 대한 찬양의 목소리는 갈수록 낮아졌다.

무제는 이런 사실이 못내 불만스러웠다.

하루는 무제가 점심 식사를 하고 나서 잠시 휴식을 취하고 있었다. 갑자기 누군가 칼을 들고 자신을 향해 돌진하더니 순식간에 어디론가 사라지고 말았다. 깜짝 놀란 그는 온몸에 식은땀을 흘렸다. 이 일로 신경이 곤두선 무제는 도대체 누가 자신을 해치려 하는지 몹시 궁금했다. 이에 강충江充을 책임자로 하는 '수의사자繡衣使者' 라는 특무 기구를 만들고, 전국에 요원들을 보내 각지 관리와 백성들의 동태를 수집했다. 수의사자들은 엄청난 권력을 휘둘렀다. 그들은 도처에서 사람들을 구금하고 고문하여 엄청난 피해자를 만들어 냈다. 하지만 무제는 강충을 제외하고는 그 누구의 말도 믿지 않았고 나라는 갈수록 어지러워졌다. 강충은 마침내 후궁에까지 마수를 뻗쳐 황제를 저주하는 황후의 부적을 찾아냈다는 소문을 퍼뜨렸다. 궁지에 몰린 황후는 결국 스스로 목숨을 끊고 말았다. 이어서 강충은 태자궁을 수색하려 하였다. 위기감을 느낀 태자 유거劉據는 군사를 매복시켜 두었다가 강충이 들이닥치자 도끼로 찍어 죽였다.

강충이 피살되었다는 소식을 들은 무제는 벽력처럼 화를 냈다. 그는 태자가 역모를 꾸민 수괴라고 단정하고, 친위대를 보내 태자를 체포하게 하였다. 유거는 자신의 친위병을 이끌고 맞섰다. 하루 밤낮에 걸친 싸움 끝에 궁지에 몰린 태자는 결국 야음을 틈타 아들을 데리고 도성을 빠져나가 민가에 몸을 숨겼다. 무제는 전국에 수배령을 내렸다. 태자와 관련된 사람은 지위고하를 막론하고 모두 체포되어 죽임을 당했고, 온 나라가 공포의 도가니로 빠져 들었다. 게다가 자연재해까지 겹쳐 백성들의 생활은 말이 아니었다. 이제 더 이상 지난날 번영했던 나라의 모습은 찾아볼 수 없게 되었다.

조정 대신과 백성들은 태자에게는 아무런 잘못이 없다는 것을 잘 알고 있었다. 백성들은 위험을 무릅쓰고 평소 성실하고 백성들을 아꼈던 태자를 숨겨주었다. 그러자 무제는 조령을 내려 태자를 체포하거나 태자에 대한 정보를 제공하는 자에게는 만호후萬戶侯의 작위를 내리겠다고 하였다. 세상에는 이익 때문에 의리를 저버리는 사람이 항상 있는 법이다. 두 명의 지방 관리가 태자가 구거리鳩居里라는 산간 마을에 숨어 있다는 사실을 알아내고 마을을 포위했다. 유거는 도저히 달아날 수 없다고 판단하고 아들과 함께 들보에 목을 매어 스스로 목숨을 끊었다. 무제는 약속대로 태자를 잡은 두 관리를 만호후에 봉했다.

10년의 세월이 흘렀다. 무제는 어느덧 백발이 성성한 노인이 되어 있었다. 그동안 '수의사자'의 전횡은 나라를 크게 쇠퇴하게 만들었다. 게다가 변방에서는 거듭 전쟁이 벌어져 욱일승천하던 한나라의 기세는 이제 쇠락을 피할 수 없는 처지가 되었다. 적막한 궁중에서 무제는 차츰 알 수 없는 외로움에 빠져 들었다. 자신은 이제 늙었고, 젊은 태자와 총명한 손자는 일찌감치 세상을 떠나지 않았는가? 곰곰이 생각해 보니 이 모두가 자신의 잘못에서 비롯된 일이었다. 하지만 자신은 하늘을 대신한 황제가 아닌가? 그런 황제가 어떻게 잘못을 저지를 수 있는가? 무제는 마침내 구실을 붙여 태자를 잡으려다 만호후에 봉해진 두 관리를 죽였다.

쓸쓸함과 번뇌에 시달리던 무제는 깊은 궁궐을 벗어나 나라를 돌아보았다. 그렇게라도 마음을 달래보고 싶었다. 하지만 황폐한 들녘과 퇴락한 마을을 보자 콧날이 시큰해졌다.

'얼마나 번영했던 나라였는가! 들녘은 온통 푸르고 어디에나 많은 백성들이 있지 않았던가! 황제의 수레가 지나가면 백성들은 길가에 무릎을 꿇고서 황제에 대한 한없는 존경과 사랑을 내보이지 않았던가! 그런데 지금 백성들은 황제의 행렬을 보면 멀리 달아나버린다. 황제의 권위가 두려워서인가? 아니면 현지 관리들이 백성들의 굶주린 모습을 황제가 보는 것을 두려워해서인가? 그렇다. 잘못을 공개적으로 인정해야만 백성들의 이해를 구할 수 있을 것이다. 또 그래야만 그들은 나를 존경하고 따름으로써 예전의 영화를 되찾게 될 것이다.'

궁궐로 돌아온 무제는 즉시 「죄기조罪己詔」를 지어 간신을 잘

못 기용해 백성들에게 해를 끼친 잘못을 공개적으로 인정하고, 죽은 태자의 명예를 회복시켰다. 아울러 백성들에 대한 사랑을 내보이고, 다시 부강한 나라를 만들겠다고 약속했다. 무제는 중국 역사에 있어서 처음으로 서면의 형식으로 자신의 잘못을 공개적으로 인정한 황제였다.

07.
극단적이고 사치스럽고 과분한 것을 피하라

성인은 극단적이고, 사치스럽고, 과분한 것을 피한다.

聖人去甚성인거심, 去奢거사, 去泰거태.

「도덕경」 제29장

풀이

甚심 극단적.
奢사 사치스러움.
泰태 지나침, 과분함.

해설

"극단적이고 사치스럽고 과분한 것을 피하라."는 노자의 말은 자연의 순리에 따라 자신의 소중한 지위를 지키라는 의미다. 어떤 일을 함에 있어서 분수에 넘치거나 사치스러운 것을 피하고 억지로 하려 하지 않아야만 그것을 얻을 수 있고, 또 소중하게 간직할 수 있다.

당나라의 시인 이상은李商隱은 역사를 통해 "지난 왕조를 돌아보면 근검함에서 이루어지고 사치함에서 패망하였다."는 교훈을 얻어냈다. 또 안자晏子, 양진楊震, 우성룡于成龍 같은 역사적 인물들은 모두 검소함을 숭상하고 사치스러움을 없앤 청백리로 길이 칭송받아 왔다. 사치스러움은 위험한 것이다. 그것은 이빨이 없지만 나의 꿈을 물어뜯을 수 있고, 두 다리가 없지만 나를 막다른 길로 이끌 수 있다. 그것은 연기가 나지 않지만 나의 영혼을 검게 그을릴 수 있고, 독이 없지만 나의 의지와 인격을 해칠 수 있다. 사치스러움은 식초와도 같다. 그것은 영혼을 부식시켜 깊은 연못에 빠뜨린다. 그러므로 사치스러움을 없애라는 말은 천균千鈞처럼 무거운 것이다. 노자의 이 말은 오늘날에도 중요한 의미를 갖는다.

예화

양진이 청백리의 전형적 모습을 보여주다

어느 날 밤, 창읍령昌邑令 왕밀王密은 남몰래 황금 열 근을 품에 넣고 은인인 양진楊震을 찾아갔다. 양진은 깜짝 놀랐다.

"나는 자네를 아는데, 자네는 나를 모르나 보군. 이게 무슨 짓인가?"

"밤이 깊어 아무도 보지 않습니다."

양진은 벌컥 화를 냈다.

"하늘이 알고, 땅이 알고, 내가 알고, 자네가 알고 있네. 어찌 아는 사람이 없다고 하는가?"

왕밀은 부끄러운 마음에 황금을 되가지고 돌아갔다.

양진은 동한東漢 때의 인물이다. 그의 조상은 화음華陰의 명문세족이었다. 그러나 양진은 어려서 부모를 여의고 가문마저 쇠락해 가난한 유년시절을 보냈다. 하지만 그는 큰 뜻을 품고 당시 구경九卿 가운데 한 사람이던 태상 환욱桓郁 밑에서 『금문상서今文尙書』를 공부하여 마침내 뛰어난 학자가 되었다.

양진은 벼슬길에 나아가기 전까지는 아버지와 마찬가지로 화음현에 있는 우심욕牛心峪이라는 곳에서 제자들을 양성했다. 전하는 바로는 그를 찾아오는 제자들이 마치 강물처럼 끊이지 않았고, 그가 제자들을 가르치던 골짜기에는 홰나무가 무성해 '양진괴시楊震槐市'로 불렸다고 한다. 20년의 세월 동안 그가 길러낸 제자는 무려 2천 명이나 되었다.

112년 3월, 양진은 산동의 동래태수로 부임하게 되었다. 그는 부임하는 길에 창읍을 지나게 되었는데, 이때 왕밀이 그에게 황금을 건네려 한 일이 벌어졌다. 나중에 사람들은 이 사실을 알고 그에게 '양사지楊四知'라는 별호를 붙여주었다.

114년 9월, 양진은 하북의 탁주태수로 부임했다. 그는 그곳에서 청렴한 정치를 펼쳐 당시 전국적으로 도적떼가 들끓었음에도 그의 관할구역인 동래와 탁주는 상대적으로 안정을 누렸다. 마침내 그는 조정에서 정치를 보필하던 등태후鄧太后와 대장군 등즐鄧騭의 눈에 들게 되었다.

117년 6월, 양진은 태복太僕에 발탁되었고, 12월에는 태상太常의 자리에 올랐다. 그가 태상을 맡기 전에는 조정에서 선발한 박사博士들의 자질이 자리에 걸맞지 못했다. 양진이 부임해 양륜楊倫을 비롯한 다섯 명을 '오경박사五經博士'에 기용하자 학계에서 칭송이 자자했다.

123년 10월, 양진은 태위太尉가 되어 나라의 군사업무를 맡게 되었다. 당시 안제安帝의 장인이자 외교업무를 맡고 있던 경보耿寶가 중상시 이윤李閏의 형을 기용해 달라고 요청했다. 하지만 양진은 이 요청을 단호하게 거절했다. 그러자 경보는 양진에게 이렇게 말했다.

"이윤은 나라에서 중요하게 여기는 인물이오. 그의 형을 발탁해 달라는 것은 폐하의 의중을 전한 것이었소."

이윤의 형을 발탁하는 것이 황제의 뜻이라는 말이었다. 하지만 양진은 인사에 있어서 결코 뒷거래를 하지 않았다. 경보는 양진에게 원망을 품고 돌아서는 수밖에 없었다. 염황후閻皇后의 오빠이자 도성의 치안을 맡고 있던 염현閻顯도 양진에게 편지를 보내 자신을 더 나은 자리로 옮겨달라고 청했다. 하지만 양진은 이 역시 냉정하게 거절했다.

한번은 안제가 자기 유모를 위해 큰 저택을 지으려고 하였다. 주광周光을 비롯한 조정의 환관들은 하나같이 이에 동조하면서 조정의 여론을 선동했다. 대신들은 몹시 못마땅했지만 감히 말을 꺼내지 못했다. 하지만 양진은 보고만 있을 수 없었다. 그는 황제에게 유모를 위해 저택을 짓는 것은 옳지 못하다는 견해를 밝히는 글을 올렸다. 그러나 안제는 양진의 말에 귀를 기울이지 않았다.

연말에 도성을 비롯한 일부 지역에서 세 차례 지진이 일어났다. 나라 형편이 위급한 상황이었지만 안제는 조금도 뉘우치는 기색이 없었다. 그리고 얼마 후 안제는 비방을 듣고 양진의 관직을 빼앗았다. 양진은 실의에 빠져 대문을 걸어 닫고 외부와의 접촉을 피했다. 그러자 일부 간신들은 아예 내놓고 양진을 모함했다. 결국 안제는 양진을 평민으로 강등시켜 고향으로 쫓아버렸다.

양진은 고향으로 돌아오던 중에 낙양洛陽 서쪽에 있는 석양정夕陽亭에서 지난날을 회고하더니 가족들에게 비통한 어조로 말했다.

"벼슬아치가 되어서 나라에 충성하지 못하고 백성들에게 은혜를 베풀지 못한다면 천고에 오명을 남길 뿐이다. 살아본들 무슨 소용이 있겠느냐? 나는 나라의 은혜를 입어 높은 자리에 있으면서도 교활한 간신들을 처벌하지 못했으니, 내가 무슨 얼굴로 저 해와 달을 바라보겠는가! 내가 죽거든 잡목으로 관을 만들고 수의는 홑겹으로 입혀서 묻어라. 봉분은 올리지 말고, 제사도 지내지 말라."

양진은 말을 마치더니 독이 든 술을 마시고 스스로 목숨을 끊었다. 당시는 124년 3월로, 그의 향년은 64세였다.

양진이 죽자 홍농태수 이양移良이 왕성王聖의 사주를 받아 양진의 영구가 고향으로 돌아가지 못하게 막았다. 뿐만 아니라 관을 그곳에 매장할 수도 없게 하였다. 당시 길손들은 이런 광경에 상심의 눈물을 흘렸다.

역사서의 기록에 따르면, 양진은 "성품이 공정하고 청렴하였으며", 가족들은 "고기나 생선 반찬을 먹지 않았고, 외출할 적에는 수레를 타지 않았다."고 한다. 양진이 관리가 되자 몇몇 벗들은 그에게 전답을 사들이고 저택을 지으라고 권했다. 하지만 그는 이렇게 대답했다.

"먼 훗날 나의 후손들이 청백리의 후손이라는 말을 듣게 되면 그것으로 충분하지 않겠는가?"

양진이 죽은 이듬해인 125년 11월에 순제順帝가 즉위했고, 양진을 모함한 주광 등 간신들은 모두 처형당했다. 양진의 제자 우방虞放이 양진의 누명을 재조사해 달라고 청원했다. 순제는 양진의 충성심에 감동해 두 아들에게 벼슬과 재물을 하사하고, 양진의 시신을 고향으로 옮겨 장사지내게 하였다. 그리고 양진을 이장할 때 홍농태수를 불러 "중뢰中牢의 예로 제사를 지내도록 지시하고", 직접 제문을 써주었다.

08.
자신을 잘 아는 사람이 가장 슬기롭다

남을 잘 아는 사람은 지혜롭지만, 자신을 잘 아는 사람이 가장 슬기롭다.

남을 이기는 사람은 힘이 있지만, 자신을 이겨내는 사람이 가장 강하다.

만족을 아는 사람은 부유할 수 있고, 힘써 행하는 사람은 의지가 있다.

뿌리를 잃지 않는 사람은 오래갈 수 있고, 죽어서도 잊혀지지 않는 사람이 가장 장수한다.

知人者智지인자지, 自知者明자지자명.
勝人者有力승인자유력, 自勝者强자승자강.
知足者富지족자부, 强行者有志강행자유지.
不失其所者久불실기소자구, 死而不亡者壽사이불망자수.

「도덕경」 제33장

풀이

强강 노자는 "부드러움을 지키는 것"이 부정적 측면을 향해 가지 않을 수 있는 진정한 '강함'이라고 여김.
知足지족 탐내지 않음. 만족을 앎.
强行강행 노력하여 행함.
所소 뿌리, 밑바탕.

해설

타인의 행동과 재주를 잘 판단하는 사람은 밝고 지혜로운 사람이지만, 자신의 결점을 정확하게 아는 사람이야말로 진정으로 지혜로운 사람이다. 타인과 싸워서 물리칠 수 있는 사람은 힘이 있는 사람이지만, 자신의 약점과 결점을 극복할 수 있는 사람이야말로 진정으로 굳센 사람이다. 만족을 아는 사람이 가장 부유한 사람이며, 부지런히 노력하는 사람은 의지가 있는 사람이다. 뿌리를 잃지 않아야 오래갈 수 있는 사람이고, 죽은 뒤에도 이름이 잊혀지지 않는 사람이라야 진정으로 장수하는 사람이다. 자신을 알고, 자신을 이기고, 스스로 만족하고, 스스로 강해지는 사람만이 오래갈 수 있는 것이다.

노자의 이 말은 자신을 인식함에 있어서는 '만滿'을 피하고 '허虛'를 구현하라는 의미다. 자신을 인식하고, 파악하고, 극복하는 것이 문제를 해결하는 관건이 되는 것이다. 즉 사람의 진정한 적은 자신이고, 진정한 비교 대상은 자신이며, 평생 힘들게 찾아야 하는 것은 자신이고, 평생 가장 알기 어렵고 이기기 어려운 것도 자신이다. 자신을 모르면 남을 알 수 없고, 남을 알지 못하면 자신을 알 수 없다. "자신을 분명하게 인식하는 것"은 전진의 동력이며 상승의 계단이다.

가장 위대한 힘은 자신의 약점과 결점을 깨닫고 맞서는 것이다. 정의로움으로 사악함에 맞서고, 부지런함으로 나태함에 맞서며, 공정함으로 편견에 맞서고, 진실함으로 허위에 맞서며, 겸손함으로 교만함에 맞서고, 낙관으로 우울함에 맞서야 한다. 도전은 목적이 아니라 "자신을 이기는 자"가 되어 자신의 주인이 되는 것이다.

역사를 돌이켜보면, 유방劉邦은 어째서 초한전楚漢戰에서 천하를 손에 넣을 수 있었을까? 비결은 한 가지였다. 그는 남을 알았고, 자신을 낮추어 남을 쓸 줄 알았으며, 자신을 정확하게 인식했다. 그가 황제의 자리에 오른 뒤에 세 가지 측면에서 "나는 누구만 못하다."고 말한 것은 이런 점을 잘 보여준다.

노자의 이 말은 지금도 우리가 어떻게 살아가야 하는가에 대해 중요한 가르침을 준다. 자신을 아는 명석함을 지니고서 늘 자신의 결점, 잘못, 부족함을 생각할 줄 알아야만 올바른 세계관, 인생관, 가치관을 가질 수 있고, 삶의 진정한 강자가 될 수 있다.

예화

유방이 진평을 발탁하고 역이기의 가르침을 받다

유방劉邦은 서한西漢의 개국 황제다. 그는 젊은 시절부터 큰 뜻을 품고서 많은 사람들을 사귀었는데, 서른 살 되던 해에 진秦나라 패현沛縣 사수泗水의 정장亭長이라는 낮은 벼슬을 하게 되었다.

진나라 이세二世 황제가 즉위하던 기원전 209년 7월, 진승陳勝과 오광吳廣이 진나라의 폭정에 항거하는 최초의 봉기를 일으키자 온 천하가 이에 호응하였다. 봉기의 물결은 패현에도 밀려들었고, 유방은 소하蕭何, 조삼曹參 등과 함께 현령을 죽이고 봉기했다. 유방은 훌륭한 인재를 중용해 지혜를 모으고 세력을 키움으로써 중요한 무장 세력의 하나로 성장했다. 그리고 진나라 군사를 연파하고 도성 함양咸陽을 수중에 넣고, 다시 3년에 걸친 초한전楚漢戰 끝에 항우項羽를 물리치고 마침내 서한 왕조를 개국하였다.

유방이 사소한 문제를 덮고 진평陳平을 발탁한 일은 중국 역사에 있어서 미담으로 전해진다. 진평은 어린 시절에 가정 형편이 어려워 형수와 함께 살면서 남의 집 장례를 도와주며 생계를 꾸려나갔다. 그는 어려운 형편 때문에 결혼할 나이가 되어서도 아내를 얻을 수 없었다. 하지만 진평은 역경 속에서도 자신의 뜻을 잃지 않고 열심히 공부했고, 또 공부한 것을 실천에 옮기면서 식견과 재능을 키워나갔다.

한번은 그가 마을 제사에 사용된 고기를 분배하는 일을 맡았는데, 당시 그의 공평한 분배에 사람들은 이구동성으로 칭찬을 아끼지 않았다. 하지만 진평은 한숨지으며 이렇게 말했다.

"아! 내게 천하를 다스리게 한다면 고기를 나눠주듯이 공평하게 다스릴 텐데."

진나라에 항거하는 봉기가 여기저기서 일어나자 진평은 집을 떠나 위왕魏王에게 자신을 맡겼다. 진평은 여러 번 기발한 계책을 내놓았지만 위왕은 받아들이지 않았다. 그런데 누군가 위왕에게 자신을 헐뜯자 진평은 위왕의 곁을 떠나 항우에게로 갔다. 하지만 항우는 도량이 좁아 사람을 등용하면서도 의심을 접지 못했다. 이에 진평은 항우가 큰일을 도모할 만한 인물이 못된다고 여기고 항우를 떠나 유방에게 의탁했다. 진평은 위무지魏無知의 추천을 거쳐 여러 장수들의 관계를 조율하는 호군도위라는 직책을 얻게 되었다.

투항한 장수에게는 눈곱만한 공적도 없는 법이다. 때문에 진평이 유방의 심복이 되자, 유방의 오랜 부하들은 불만이 컸다. 대장 주발周勃과 관영灌嬰은 유방에게 이렇게 말했다.

"진평은 외모는 당당하지만 그렇다고 실제로 재주와 학식이 있는 것은 아닙니다. 듣자 하니 그는 고향에서 지낼 적에 형수와 사통하는 등 품행이 좋지 않았다고 합니다. 그는 위왕과 초왕楚王에게 중용되지 못하자 하는 수 없이 우리에게 투항한 것입니다. 그에게 높은 벼슬을 주었지만, 그는 맡은 일에 충실하기는커녕 직권을 이용해 장수들에게서 촌지를 챙깁니다. 진평은 마음이 수시로 바뀌는 소인배입니다. 다시 살펴주십시오."

유방은 반신반의하면서 위무지를 불러 나무랐다.

"어째서 진평의 형편없는 행실에 대해서는 입도 벙긋하지 않고 재주가 많다고만 한 것이오?"

"제가 추천한 것은 진평의 재주이고, 대왕께서 나무라시는 것은 진평의 행실입니다. 이는 다른 것입니다. 지금 초나라와 한나라는 양쪽이 모두 보전되기는 어렵습니다. 인재를 잃는 쪽은 패하고, 인재를 얻는 쪽은 이깁니다. 항우를 격파하시려면 진평과 같은 인재를 중용하고, 또 좋은 계책을 마련해야 합니다. 형수를 훔치고 뇌물을 받은 일을 무엇 때문에 마음에 담아 두십니까?"

유방은 위무지의 말이 타당성이 있다고 여겼지만 그렇다고 분명한 믿음이 생기지도 않았다. 유방은 진평을 불러 꾸짖었다.

"너는 당초에는 위왕에게 갔다가 마음에 차지 않자 그의 곁을 떠나 초왕에게로 갔고, 다시 그의 곁을 떠나 나에게로 왔기 때문에 사람들이 그대를 의심한다."

진평은 자신의 속내를 솔직하게 털어놓았다.

"제가 위왕과 초왕의 곁을 떠난 데는 나름의 이유가 있습니다. 위왕은 고집이 너무 세서 충언을 받아들이지 않았습니다. 초왕은 뜻은 크지만 재주가 모자라고, 또 자기 측근에게만 중요한 일을 맡깁니다. 저는 대왕께서 인재를 중시하고 또 능력 있는 인물을 중용한다는 소문을 듣고 찾아왔습니다. 한나라 군영에 막 도착해서는 가지고 있는 돈이 한 푼도 없었기에 부득이 장수들의 촌지를 받았습니다. 만약 저의 계책이 취할 만하다고 판단되시면 저를 남겨 주십시오. 그러나 남의 말을 믿고 저의 계책을 듣지 않으신다면 저의 관직을 거두십시오. 사람들이 제게 보낸 돈은 한 푼도 손대지 않고 고스란히 남겨 두었습니다. 저는 바로 떠나겠습니다."

진평의 해명은 유방의 우려를 말끔히 씻어주었다. 유방은 즉석에서 진평에게 사과하고 많은 예물을 하사했다. 아울러 그를 호군중위에 임명해 전군의 장령들을 감독하게 하였다. 마침내 진평은 유방의 책사로서 혼신을 다해 갖가지 계책을 내놓게 되었다.

초한전이 펼쳐지는 동안, 유방은 형양滎陽에서 항우와 결전을 벌였다. 항우는 수십만 명의 대군을 거느리고 끊임없이 형양을 공격해 유방의 군사를 곤경으로 몰아넣었다. 이때 진평은 유방에게 결정적 계책을 내놓았다. 그것은 사람을 잘 믿지 못하는 항우의 결점을 이용해 이간책을 행하는 것이었다. 유방은 진평에게 항우의 장수들을 매수해 이간질하게 했다.

진평은 항우의 장수들에게 뇌물을 뿌리는 한편 유언비어를 퍼뜨렸다.

"종리매鍾離昧를 비롯한 대장들이 큰 공을 세웠음에도 왕王에 봉해지지 못한 것에 불만을 품고 유방과 연합해 항우를 치려 한다."

항우는 소문을 듣고 자신의 귀를 의심했다. 항우는 유방의 진영에 사람을 보내 사실여부를 염탐하게 하였다. 유방은 미리 함정을 파두었다. 유방은 풍성한 잔칫상을 차려놓고 항우의 사신이 도착하자 짐짓 놀라는 체하며 이렇게 말했다.

"나는 아부亞父 범증范曾이 보낸 사람이 오는 줄 알았소. 그런데 항왕項王의 사신이 오셨구려."

유방은 얼른 잔칫상을 다시 차려오게 하였다. 그런데 앞서보다 훨씬 형편없는 음식들이 올라왔다.

항우의 사신이 돌아가 이런 사실을 보고하자, 항우는 범증이 유방과 몰래 내통한 것으로 의심했다. 범증은 형양을 서둘러 공격하자는 묘안을 내놓았지만, 항우는 이를 거부했다. 범증은 항우가 자신을 의심한다는 사실을 눈치 채고 이렇게 말했다.

"천하의 대세는 이미 결정되었습니다. 저는 이제 고향으로 돌아가 살고 싶습니다."

범증은 마침내 소매를 떨치고 항우를 떠나버렸다. 항우는 지혜로운 숱한 계책을 내놓고 또 많은 공을 세운 최고의 책사를 잃어버린 것이다.

유방은 학식이 높지 않았다. 그는 평소 진정한 인재는 말을 타고 전장을 누비는 장수이지, 지식인은 쓸모없는 존재들이라고 여겼다. 때문에 그는 유생儒生을 몹시 혐오하여 심지어 유생을 '부유腐儒' 또는 '수유竪儒'라고 부르기도 하였다. 하지만 그는 정말로 쓸모 있는 지식을 지닌 유생은 매우 존중하고 신임했다.

기원전 209년, 유방의 군사가 고양高陽으로 진격했을 때의 일이다. 역이기酈食其라는 유생이 유방의 한 기병을 찾아왔다.

"패공沛公은 오만하기는 하지만 지략이 있다고 들었소. 그분은 내가 진심으로 흠모하는 분이오. 그분을 좇아 원대한 일을 해보고 싶으니 소개해 주시오."

"패공은 유생을 몹시 혐오하오. 그러니 만날 적에 본인이 유생이라는 말은 절대로 하지 마시오."

이튿날 역이기는 유방을 만났다. 유방은 두 시녀에게 자신의 발을 씻기게 함으로써 역이기에 대한 경멸을 드러냈다. 역이기는 이런 광경을 보면서 유방에게 나아가 허리를 살짝 숙여 인사하고 이렇게 물었다.

"군사를 이끌고 여기까지 온 것이 봉기한 제후들을 토벌해 포악한 진나라를 도우려는 것입니까? 아니면 봉기한 자들을 도와 포악한 진나라를 토벌하려는 것입니까?"

역이기의 물음에 유방은 발끈 화를 냈다.

"더러운 유생놈! 도처에서 포악무도한 진나라를 공격하고 있는데 어떻게 진나라를 돕는다는 말을 입에 올리는 것이냐?"

역이기는 차분하게 대답했다.

"진나라를 뒤엎고자 하신다면 나이 든 사람에게 어찌 이처럼 무례하실 수 있습니까? 생각해 보십시오. 전투에는 뛰어난 책사가 있어야 하는 법입니다. 현자賢者와 지사智士에게 이처럼 오만하게 군다면 누가 훌륭한 계책을 내놓겠습니까?"

유방은 이 말에 얼른 자리에서 일어나 예를 표하고, 공손히 가르침을 청했다.

"대왕의 병력은 1만 명도 되지 않고, 훈련조차 되어 있지 않습니다. 관중關中을 공략하는 것은 호랑이 굴로 들어가는 것과 같습니다. 그러니 먼저 진류陳留를 치는 편이 낫습니다. 진류는 천하의 요지로 누구나 탐내는 곳입니다. 게다가 성안에는 양식도 넉넉합니다. 진류를 차지한 다음에 다시 군사를 모으고 말을 사들여 세력을 키운다면 천하를 차지할 수 있을 것입니다."

당시 유방은 군량미가 부족하여 근심하던 터였다.

"진류를 빼앗는 데 무슨 좋은 계책이라도 있소?"

"진류현령과 서로 아는 사이입니다. 제가 그에게 성을 바치고 투항하라고 권고하겠습니다. 만약 투항하지 않으면 그때 군사를 이끌고 공격하십시오."

유방은 매우 기뻐했다.

역이기는 밤새 말을 달려 진류로 가서 현령을 설득했다. 하지만 현령은 봉기를 원치 않았으며, 오히려 역이기를 억류했다. 그날 밤 역이기는 현령의 머리를 베어 유방에게로 돌아왔다.

이튿날 유방은 군사를 이끌고 진류를 공격했다. 유방의 군사가 진류현령의 머리를 장대에 매달아 내보이자 진류의 수비병들은 즉시 성문을 열고 투항했다. 유방은 진류에서 많은 군량과 무기를 획득함으로써, 서쪽 관중으로 진격할 발판을 마련하게 되었다.

유방과 항우 양측의 전략적 지위가 뒤바뀌던 무렵, 역이기는 유방에게 적시에 수비에서 공격으로 전환하라고 건의했다. 그것은 항우가 동쪽으로 이동한 틈에 성고成皐와 형양을 차지함으로써 판세를 자기들에게 유리하게 만들자는 것이었다. 유방은 이 건의를 즉시 받아들였다. 역이기는 과감하게 제齊나라를 찾아가 제나라 임금 전광田廣에게 유방에게 투항하라고 권고했다. 그리하여 싸우지도 않고 제나라의 70개가 넘는 성을 수중에 넣었다. 또 유방의 군사는 성고와 형양을 차지해 전략적 우위를 차지하게 되었다.

유방은 소하를 믿고 중용했다. 그것은 소하가 이재理財 능력이 뛰어났기 때문이었다. 초한전이 펼쳐지던 무렵에 유방은 전선에서 작전을 이끌고, 소하는 관중에서 후방을 책임졌다. 소하는 법령, 종묘, 사직, 궁실, 현읍縣邑의 업무를 비롯한 크고 작은 일체의 잡무를 맡아보았기 때문에 막강한 권력을 손에 넣고 있었다. 그렇지만 유방은 소하를 전혀 의심하지 않았다. 유방은 소하의 건의라면 무엇이든 재가했고, 그때그때 재가를 받을 수 없는 사안은 소하가 알아서 전결 처리한 다음에 보고하게 하였다. 이는 소하가 대담하게 일처리를 할 수 있게 만듦으로써, 관중에서 순조롭게 병력과 군량을 공급할 수 있게 하였다.

초한전 초기에는 형세가 유방에게 단연 불리했다. 한나라 고조 2년인 기원전 205년에 벌어진 팽성彭城 전투에서 유방은 20만 명이 넘는 사상자를 내고 수십 명의 기병만을 데리고 간신히 달아났다. 당시 유방의 가족들은 항우에게 사로잡혔다. 그러나 소하가 꾸준히 병력과 군수물자를 지원함으로써, 유방은 다시 군위軍威를 떨치고 항우를 물리칠 수 있었다. 초한전이 끝나고 논공행상을 할 적에 유방은 소하의 공을 으뜸으로 쳤다.

한신韓信은 지휘능력이 뛰어난 인물이었지만 간혹 대세를 살피지 못하거나 개인적 권위를 세우려고 하였다. 유방은 한신에 대해 장점은 쓰되 단점은 피했다.

한신은 가난한 집안 출신으로 소년 시절에는 남의 가랑이 밑으로 기어가는 수모를 겪기도 하는 등 사람들에게 무시당했다. 나중에 항량項梁의 봉기군에 참가했지만, 중용되지 못하였다. 이에 한신은 유방의 진영으로 들어갔고, 하후영夏侯嬰의 추천을 거쳐 군량을 맡아보는 치율도위에 임명되었다. 하지만 한신은 자신의 능력을 발휘할 수 있는 기회를 얻을 수 없다고 판단하고 한나라 진영에서 몰래 달아났다. 이런 사실을 알게 된 소하는 뒤쫓아가 한신을 데리고 돌아와 유방에게 대장에 임명해달라고 요청했다. 유방은 비로소 한신이 보기 드문 장수의 자질을 지녔음을 알아보고 그에게 중임을 맡겼다.

한신의 위엄을 세워주려고 유방은 성대한 임명식을 거행하고 삼군三軍의 통수권을 맡겼다. 임명식이 끝나자 유방은 한신에게 가르침을 청했다.

"승상이 한사코 장군을 내게 추천하였소. 어떤 좋은 계책을 내놓겠소?"

한신은 항우는 강하지만 약해지기 쉽고 유방은 약하지만 강해지기 쉬운 이유를 예리하게 분석하여, 항우를 격파하고 삼진三秦을 평정할 전략적 방안을 내놓았다. 유방은 한신의 제의에 감탄을 금치 못했다. 유방은 한신을 이제야 만나게 되었음을 아쉬워했다.

한신은 장수가 되어 공을 세우자 자만심이 싹텄다. 그는 제나라를 멸망시키자 자신이 제왕이 되고 싶었다. 이에 유방에게 사람을 보내 이를 요청했다. 당시 유방은 항우와 격전을 치르면서 한신의 지원을 학수고대하고 있었다. 그런데 뜻밖에도 한신이 대세를 살피지는 않고 왕에 봉해지겠다고 하자 분노해 욕설을 퍼부었다. 장량과 진평의 조언에 유방은 비로소 눈치를 채고 얼른 화를 풀고 한신의 요청을 받아들였다. 이리하여 한신이 유방을 배반하게 만들려던 항우의 계략은 수포로 돌아갔다. 이 일은 초한전의 균형을 유방 쪽으로 기울게 만들었다. 한신은 초한전에서 능력을 십분 발휘했다. 특히 기원전 202년에는 해하垓下에서 군사를 십리에 매복시켜 항우가 오강烏江에서 자살하게 만듦으로써 한나라의 건국에 크게 공헌했다.

유방이 초한전의 열세를 우세로 바꾸고, 나아가 천하를 손에 넣을 수 있었던 것은 인재를 잘 기용한 것이 주된 원인의 하나였다. 인재를 기용하는 유방의 기본 방침은 자신의 정치적 목표를 위한 책략을 내놓을 수 있는가 하는 것이었지, 출신배경이나 과거의 경력 따위는 일체 따지지 않았다. 유방은 능력에 따라 등용하고 공로에 따라 관직을 내렸다. 예컨대 팽월彭越은 어부 출신으로 도적질을 한 적이 있었고, 영포英布는 진나라의 법을 어겨 이마에 문신을 당하는 형벌을 받았지만, 모두 유방을 도와 공을 세움으로써 왕에 봉해졌다. 개백정이던 번쾌樊噲는 무양후舞陽侯에 봉해졌고, 마부이던 하후영은 태복의 자리에 올랐다. 돗자리를 짜서 생계를 꾸려가던 주발周勃은 태위에 임명되었고, 베를 팔던 관영은 어사대부가 되었으며, 농민봉기군의 우두머리이던 여상酈商은 곡주후曲周侯에 임명되었다.

유방은 황제가 되고 얼마 지나지 않아 낙양洛陽의 남궁에서 열린 연회석상에서 신하들에게 이렇게 물었다.

"어째서 나는 천하를 얻었고, 항우는 천하를 잃었는가?"

신하들은 각자 나름의 생각을 내놓았는데, 왕릉王陵이 가장 먼저 이렇게 말했다.

"폐하께서는 평소 사람을 함부로 대하고 걸핏하면 화를 내셨습니다. 하지만 상벌이 분명하고 능력에 따라 자리를 주었습니다. 공격하여 승리를 거두면 공적에 걸맞은 대가를 주었습니다. 때문에 장사들은 폐하를 위해 모든 것을 바치려고 하였습니다. 하지만 항우는 성격이 사납고 유능한 사람을 미워했습니다. 재능이 있으면 의심을 받았고, 공을 세우면 오히려 핍박을 받았습니다. 이것이 그가 천하를 잃게 된 까닭입니다."

많은 신하들이 왕릉의 견해에 공감했다. 하지만 유방은 그들이 한 가지 생각하지 못하는 것이 있다고 여겼다.

"여러분은 하나만 알고 둘은 모르오. 장막 안에서 계책을 꾸며 천리 밖에서 승리를 얻는 일은 내가 장량만 못하오. 나라를 잘 다스려 후방을 안정시키고 백성들을 어루만져 군수품을 꾸준히 공급하는 것은 내가 소하만 못하오. 대군을 거느리고 승승장구하는 것은 내가 한신만 못하오. 이 세 사람은 천하의 호걸이오. 내가 그들을 중용할 수 있었던 것이 바로 내가 천하를 얻게 된 까닭이오. 항우에게는 범증 한 사람만이 있었을 뿐이오. 게다가 그마저도 중용하지 못하였소. 이것이 항우가 실패한 원인이오."

09.
얻으려면 먼저 주어라

거두려고 한다면 반드시 먼저 펼쳐야 하고,
쇠약하게 하려면 반드시 먼저 강하게 해야 하며,
폐기하려 한다면 반드시 먼저 흥하게 해야 하고,
빼앗으려 한다면 반드시 먼저 주어야 한다.
이것을 일러 '미명'이라고 한다.
유약함은 강강함을 이긴다.

將欲歙之장욕흡지, 必固張之필고장지;
將欲弱之장욕약지, 必固强之필고강지;
將欲廢之장욕폐지, 必固興之필고흥지;
將欲取之장욕취지, 必固予之필고여지.
是謂微明시위미명. 柔弱勝剛强유약승강강.

「도덕경」 제36장

풀이

歙흡 거두어들임.
微明미명 드러남은 미미하지만 사정은 이미 훤함.

해설

여기에서 노자는 '무엇을 하려거든 반드시 무엇을 하라'는 식의 네 마디를 반복적으로 언급했는데, 이것이 갖는 의미는 명확하다. 이는 서로 비슷한 의미를 담고 있는데, 먼저 주고 나중 얻는 것이 중요하다는 사실을 강조한 것으로, 거두어들임과 펼침, 쇠약함과 강함, 폐기함과 흥기함, 빼앗음과 나눠줌이 서로 대치하고 전화轉化한다는 이치를 밝힌 것이다.

대치와 전화의 모습은 사람과 사안에 따라 다르다. 자신에 대해서는 사물이 극단까지 발전하여 대립적 측면으로 전화되지 않게 해야 하는데, 사물이 대립적 측면으로 발전하는 것을 막는 방법은 자신을 비우고, 부드럽게 하고, 낮추는 것이다. 또 상대에 대해서는 사물이 극단으로 발전하여 대립적 측면으로 전화되도록 촉진해야 한다. 노자는 이를 네 가지 도식으로 언급하고, "이것을 일러 '미명'이라고 한다. 유약함은 강강함을 이긴다."고 개괄했다. 강강함은 이내 정반대의 측면으로 전화되므로, 유약함이 강강함을 이기게 되는 것이다. 이것이 바로 노자가 '물극필반物極必反'과 '물장즉로物壯則老'라고 표현한 자연법칙에 대한 구체적 운용이다. 생명력을 지닌 사물은 모두 유약한 존재다. 하지만 유약하기 때문에 미래가 있고, 발전이 있고, 힘이 있다. 사물의 발전에 있어서 유약한 측면은 보기에는 강하지만 금세 쇠망하는 측면을 이긴다.

역사를 돌아보면 구천句踐이 약한 월越나라로 강한 오吳나라를 물리친 것은 유약함이 강강함을 이겨낸 좋은 사례가 될 것이다.

예화

구천이 와신상담하여 부차에게 원한을 갚다

춘추春秋시대에 지금의 양자강 하류 지역에 두 나라가 있었다. 하나는 오吳나라로 지금의 강소성 소주蘇州에 수도를 두었고, 다른 하나는 월越나라로 지금의 절강성 소흥紹興에 수도를 두고 있었다.

월나라는 아주 오랜 역사를 지닌 나라로, 그 역사는 하夏나라 때로 거슬러 올라간다. 하지만 월나라는 경제와 문화의 발전이 더뎌서 춘추 중기 이전까지지는 아무런 관심도 끌지 못했다. 중원中原에 있는 여러 나라들의 눈에는 그저 문신을 하고 단발斷髮을 하는 풍속을 가진 변방의 야만적이고 낙후된 작은 나라에 지나지 않았다.

그런데 구천句踐의 아버지 윤상允常이 임금의 자리에 오르면서 월나라의 지위에도 차츰 변화가 일어났다. 당시 월나라 북쪽에서는 오나라가 빠르게 발전해 초楚나라를 끊임없이 괴롭히더니, 초나라의 도성을 함락하기까지 하였다. 그러자 초나라는 오나라를 견제하고자 의도적으로 월나라를 지원했고, 월나라는 초나라의 지원 아래 인재를 모으고 경제를 발전시키고 군비를 증강해 일약 신흥 군사 강국으로 성장했다. 그리하여 윤상이 재임하는 동안에는 오나라 임금 합려闔閭와 잇따라 전투가 벌어졌고 마침내 두 나라는 서로 용납할 수 없는 원수지간이 되었다.

기원전 496년, 윤상이 세상을 떠나자 아들 구천이 뒤를 이었다. 오나라 합려는 갓 즉위한 젊은 구천을 만만하게 보고 월나라 정벌에 나섰다. 구천은 군사를 이끌고 취리檇李에서 오나라 군사에 맞섰다. 구천은 목숨을 건 용사들을 보내 오나라 군사를 선제공격했지만 격퇴하지 못했다. 그러자 구천은 죄수 몇 명을 끌어내 양국의 군사 앞에서 스스로 목을 찔러 자결하게 하였다. 오나라 군사들이 술렁대는 사이에 구천은 공격을 퍼부어 오나라 군사를 무너뜨렸다. 합려는 다리에 부상을 입고 급히 도망치다가 오나라에 도착하기도 전에 원한을 품은 채로 세상을 떠나고 말았다.

합려를 이어 임금의 자리에 오른 부차夫差는 아버지의 원한을 가슴 깊이 새기고 있었다. 부차는 늘 자신을 경각시키고자 신하 한 사람을 궁전의 문간에 세워놓고 자신이 궁전을 드나들 적마다 이렇게 고함치게 하였다.

"부차야! 구천이 애비를 죽인 일을 기억하느냐?"

그러면 부차는 이렇게 대답했다.

"영원히 잊지 못합니다!"

반면 즉위한 지 얼마 되지 않아서 오나라의 군사를 대파한 구천은 자만심이 싹트고 있었다. 구천은 오나라의 반격에 대비한 아무런 준비도 하지 않았다.

기원전 494년, 구천은 부차가 밤낮으로 군사를 조련한다는 소식을 들었다. 구천은 충분한 준비가 없는 상황에서 경솔하게 오나라를 선제공격했다. 부차는 강력하게 반격했고, 월나라 군사는 부초夫椒에서 대패했다. 구천은 패잔병 5천 명을 이끌고 회계會稽로 퇴각했다. 하지만 승기를 잡은 오나라 군사는 구천을 추격해 겹겹으로 에워쌌다. 다급해진 구천은 책사 범려范蠡에게 대책을 물었다. 그러자 범려는 이렇게 말했다.

"자신을 낮추고 정중하게 오나라에 강화를 요청하십시오. 일단 한숨 돌린 다음에 기회를 보아 재기를 노리면 될 것입니다."

구천은 범려의 건의에 따라 책사 문종文鍾을 오나라에 보내 강화를 요청했다. 문종은 오나라 진영을 찾아가 무조건 항복을 청했다. 또 구천이 부인을 데리고 오나라로 가서 오나라 임금의 시종 노릇을 하겠다고 전했다. 부차는 아버지의 원한을 이미 갚았다는 생각에 월나라의 항복을 받아들였다. 하지만 합려를 보필한 적이 있고, 정치적 경험이 풍부한 책사 오자서伍子胥는 이를 반대했다. 구천의 굴복이 일종의 전략임을 간파한 오자서는 부차에게 이렇게 간언했다.

"월나라의 요청을 절대로 받아들여서는 아니 됩니다. 옛말에 '악을 제거하려면 뿌리를 뽑아야 한다'고 하였습니다. 적에게 어찌 인정을 베풀 수 있겠습니까? 하夏나라 때에 요澆는 하후상夏侯相의 후손을 깨끗이 제거하지 않아서 하후상의 아들인 소강少康에게 패배했습니다. 지금 오나라의 힘은 요에 미치지 못하고, 월나라의 힘은 소강보다 강합니다. 따라서 누가 이기고 누가 진다고 장담하기 어렵습니다. 구천은 사람들을 단결시키는 재주가 있습니다. 게다가 월나라는 우리와 대를 이은 원수지간입니다. 어째서 승기를 잡았는데도 철저하게 제거하지 않고 그들이 다시 힘을 모아 권토중래하게 하려고 하십니까?"

부차는 오자서의 완강한 주장에 망설이며 선뜻 결정을 내리지 못했다.

문종은 회계로 돌아가 이런 상황을 구천에게 보고했다. 구천은 이제 강화는 불가능하다는 생각이 들었다. 그는 부인을 죽이고, 보물을 몽땅 불태운 다음 부차와 마지막 일전을 준비할 셈이었다. 이때 문종이 구천을 제지했다.

"오나라의 태재 백비伯嚭는 부차의 총애를 받는 인물로 몹시 탐욕스럽습니다. 그를 뇌물로 매수해 부차에게 강화를 건의하게 만들면 될 것입니다."

문종은 월나라의 미녀와 온갖 보물을 가지고 다시 오나라 진영으로 건너갔다. 백비는 뇌물을 받더니 문종을 부차에게 안내했다. 문종은 부차에게 아뢰었다.

"대왕께서 월나라 임금의 죄를 용서하신다면 월나라의 보배는 몽땅 대왕의 것이 될 것입니다. 그러나 용서하지 않으신다면 월나라 임금은 부인을 죽이고 보물을 몽땅 불태운 다음에 남은 5천 명의 군사를 이끌고 죽기를 각오하고 오나라에 맞설 것입니다."

백비가 옆에서 거들었다.

"구천은 이미 대왕께 항복했습니다. 그러니 그들과 강화를 맺어 인재를 거두는 것이 장차 오나라에 도움이 될 것입니다."

부차는 백비의 건의를 받아들였다. 오자서가 완강히 말렸지만 부차는 듣지 않았다. 오자서는 장탄식을 내뱉었다.

"월나라가 10년 동안 인구를 늘리고, 가르치고, 훈련시킨다면 반드시 강한 나라가 될 것이다. 20년이 지나면 오나라의 정자와 누각은 모두 연못이 되어 버릴 것이다."

그해 3월, 부차는 구천과 강화조약을 맺고 군사를 거두었다.

오나라의 의심을 사지 않으려고 구천은 국정을 문종에게 맡기고, 범려를 데리고 오나라로 들어가 3년 동안 시종 생활을 하였다. 얼마 전까지만 해도 한 나라를 호령하던 군주가 적국 군사들의 감시를 받으며 천한 일을 하였으니 그 마음의 고통은 짐작하고도 남음이 있다. 하지만 구천은 강한 복수심으로 자신을 지탱하면서 온갖 어려움과 고통을 이겨냈다. 3년이 지나자 부차는 구천이 잘못을 완전히 뉘우쳤다고 여기고 그를 월나라로 돌려보냈다.

고통을 경험한 사람이 안락한 생활로 돌아가면 진취적 기상이 사라지게 마련이다. 월나라로 돌아온 구천은 이런 점을 특히 경계했다. 구천은 자신이 게을러지는 것을 막으려고 날마다 땔

감더미에 누워 잠을 잤으며, 짐승의 쓸개를 곁에 매달아놓고 잠자리에 들기 전과 식사 전에 한 차례씩 핥아서 자신을 경각시켰다.

'구천아! 회계에서의 치욕을 기억하고 있느냐?'

쓰디쓴 쓸개는 구천에게 고통스러운 기억을 되살려주었고, 끊임없이 자신을 분발하게 만들었다. 의기소침해진 월나라의 백성들은 와신상담臥薪嘗膽의 정신 아래 오나라를 꺾겠다는 의지를 다시금 키우게 되었다. 월나라의 군신들은 한마음이 되어 적극적으로 설욕을 준비했고, 마침내 패전의 그림자에서 벗어나 예전과 같은 활기를 되찾게 되었다.

지난날 부초에서 벌어진 전투에서 월나라의 정예군은 깡그리 궤멸하고 말았다. 따라서 월나라를 부흥시키려면 병력을 늘리는 것이 급선무였다. 월나라로 돌아온 구천은 먼저 인구를 늘리는 일에 착수했다. 구천은 회계의 백성들을 모아 놓고 이렇게 말했다.

"옛날에 현명한 임금은 여러 지방의 백성들을 자신에게 귀순하게 만들었다. 하지만 지금 나는 어질지 못하니 사방에서 백성들이 찾아오기를 기대할 수는 없다. 나는 우리 백성들이 꾸준히 인구를 늘리게 하여 국력을 조금씩 키울 것이다. 우리가 일치단결하고 또 나태해지지 않는다면 분명코 재기하여 오나라에 당한 치욕을 갚을 수 있을 것이다."

회계의 백성들은 구천의 말에 감동해 적극적으로 구천의 결정에 따르겠다고 하였다. 이리하여 구천은 출산을 장려하는 법령을 만들고 정책을 펼쳤다. 경제가 낙후되고 무기가 보잘것없던 시대에 있어서 인구는 국력과 전투력을 결정짓는 가장 중요한 요소였다. 구천의 인구 증가 정책으로 월나라의 인구는 빠르게 늘어났고, 군사력도 크게 증강되었다.

구천은 인재를 모으고 백성들의 결속력을 강화하기 위한 또 다른 조치를 취했다. 멀리서 월나라에 귀순해 오는 자에게는 성대한 환영의식을 열어주고, 특히 재능이 있는 사람에게는 넓고 쾌적한 거처, 화려한 복식, 넉넉한 음식을 제공하였다. 아울러 부단히 그들을 격려해 자신의 모든 힘을 바치게 만들었다. 도성에 사는 백성이 죽으면 구천은 직접 장례식장을 찾아가 마치 친지가 세상을 떠난 것처럼 슬퍼하였다. 또 음식을 가득 실은 배를 타고 각지를 돌면서 젊은이들을 보면 따뜻이 맞이하여 음식을 나눠주고, 그들의 형편을 묻고 격려했다. 구천 자신은 음식과 의복을 검소하게 하고 몸소 농사일을 하였고, 부인은 양잠과 길쌈을 하였다. 검소하고 부지런한 생활 방식, 각고면려하는 정신, 백성들과 함께 힘쓰고 아랫사람들을 챙기는 식의 방법으로 구천은 월나라 대신과 백성들의 진심 어린 존경과 신임을 얻게 되었다.

10년 가까운 노력 끝에 월나라는 마침내 오나라에 맞설 수 있는 국력을 갖추게 되었다. 구천은 곳간이 가득하고 군사력이 막강해지자 기쁨과 자부심을 감추지 못했다. 오나라를 격파해 지난날의 치욕을 씻고 나아가 패업霸業을 이루는 것은 이제 더 이상 꿈이 아니었다. 단지 시간문제일 뿐이었다.

한편, 구천이 와신상담하면서 적극적으로 전쟁준비를 하는 동안 부차는 승리에 도취된 나머지 이성을 잃고 있었다. 그는 한시바삐 황하黃河의 물을 말에게 먹이고, 패주霸主의 자리에 오르고 싶었다. 그는 자기 뒤에서 진심으로 항복하지 않은 숙적이 급속도로 강대해졌다는 사실을 잊고 있었다. 부차는 진陳나라와 노魯나라를 잇달아 공격하고, 또 많은 인력을 동원해 양자강과 회수淮水를 연결하는 운하를 만들었다. 또 북쪽으로 진출해 패권을 다투기에 유리한 발판을 만들고자 제齊나라를 치기로 결정했다. 북방의 대국인 제나라를 먼저 격파함으로써 세상을 깜짝 놀라게 하고 싶었던 것이다.

구천 또한 같은 시기에 군사를 일으켜 오나라를 공격할 준비를 하고 있었다. 월나라의 대부 봉동逢同은 구천에게 이렇게 진언했다.

"오나라를 치는 것은 시기상조입니다. 전투를 벌이려면 자신의 모습은 감추고 사나운 매처럼 소리 없이 일거에 공략해야 합니다. 지금 오나라 군사는 사기가 하늘을 찌릅니다. 먼저 그들의 오만한 마음을 유혹해 그들이 사방에서 백성들을 괴롭히고 재물을 손상하게 만들어야 합니다. 오나라가 군사를 북쪽으로 움직이면 제나라와 진晉나라의 원한을 살 것이고, 남쪽으로 움직이면 초나라의 원한을 살 것입니다. 그러니 이들 세 나라와 연합해 더 나은 기회를 잡아 오나라를 쳐야 승리를 장담할 수 있습니다."

구천은 훌륭한 견해라고 여기고 오나라를 공격하려던 계획을 일단 취소했다. 부차가 제나라를 공격하려 한다는 소식에 구천은 직접 부차를 찾아가 인사를 하고 많은 재물을 바쳤다. 이처럼 순종하는 월나라의 모습에 오나라 군신들은 기뻐했다. 오직 오자서만이 오나라의 장래를 깊이 우려하였을 뿐이었다. 오자서는 사람들에게 이렇게 말했다.

"사람은 희생을 잡기 전에 먹이를 줍니다. 먹이를 주는 것은 이제 희생의 목숨을 거두겠다는 의미입니다. 월나라는 마치 희생을 대하듯 오나라에 먹이를 주는데도 오나라 사람들은 오히려 그 속셈을 모르고 기뻐할 뿐입니다."

오자서는 부차에게 이렇게 진언했다.

"오나라에게 있어서 월나라는 체내의 병과 같은 존재입니다.

월나라는 단 하루도 오나라에게 복수하겠다는 마음을 버린 적이 없습니다. 그들은 지금 신하임을 자처하지만 이는 자신들의 목적을 순조롭게 이루기 위한 방편일 뿐입니다. 이런 질병은 적시에 치료해야 합니다. 병을 치료하는 의사는 질병의 근원을 없애고자 애씁니다. 제나라는 우리와 멀리 떨어져 있습니다. 그들을 정복해 봐야 돌밭 하나를 얻는 것에 지나지 않습니다. 하지만 월나라가 멸망하지 않으면 오나라가 망합니다. 근심의 뿌리를 잘라내는 것은 역사의 경험입니다. 이런 이치를 거스른다면 어떻게 큰일을 이룩하겠습니까?"

오직 북벌만 생각하던 부차는 이 말에 전혀 귀를 기울이지 않았다. 오자서는 오나라의 대세는 이제 기울었음을 느끼고 자식들을 수레에 태워 제나라로 보냈다. 이를 알게 된 부차는 오자서에게 검을 내려 자살하도록 압박했다. 오자서는 본래 월나라가 오나라를 격파함에 있어서 가장 큰 장애물이었다. 하지만 오자서가 죽자 부차의 주위에는 더 이상 나라를 위해 충언을 하는 사람이 없게 되었다. 구천이 오랫동안 기다려온 복수의 계획도 착착 진행되었다.

기원전 484년, 부차는 노나라와 연합해 제나라를 공격해 대승을 거두었다. 2년 후, 부차는 태자에게 도성의 수비를 맡기고, 직접 정예병을 이끌고 북벌에 나서 제후들과 황지黃池에서 회합했다. 당시 부차는 진晉나라가 지닌 패주의 지위를 대신할 셈이었다. 구천은 오나라의 국내가 비어 있는 틈을 이용해 오나라의 도성을 공격해 태자와 장수들을 사로잡았다. 오나라의 사자가 황지로 달려가 부차에게 상황을 보고하자 부차는 대경실색했다. 하지만 그는 눈앞에 놓인 맹주盟主의 지위 때문에 즉시 철군하지 않았을 뿐 아니라 오히려 사자를 베고 이런 사실이 외부로 새어 나가는 것을 막았다.

그해 7월, 오나라와 진나라는 황지에서 맹약을 맺었다. 부차는 바닥에 희생의 피를 뿌리고 맹세를 함으로써 진나라를 꺾고 중원의 패자가 되겠다는 꿈을 실현했지만 잇따른 전쟁으로 군사와 백성들은 지쳐 있었고 군비마저 바닥이 나 있었다. 게다가 도성마저 공격을 받고 무너졌다. 오나라는 이제 쇠퇴의 조짐을 확연히 드러내고 있었다.

사려 깊은 구천은 단번에 오나라를 삼키려고 하지 않았다. 그는 자신들에게 그런 큰 힘이 없다는 사실을 잘 알고 있었다. 부차가 황지에서 돌아오자 구천은 사신을 보내 오나라와 강화조약을 맺고 개선가를 부르며 돌아왔다.

4년이 지나서 구천은 다시 오나라를 쳤다. 양측은 입택笠澤에서 강을 사이에 두고 대치하면서 결전을 벌였다. 한밤중에 구천은 군사를 두 패로 나누어 양쪽에서 북을 울리며 거짓 공격을 하였다. 부차는 이것이 계략임을 알지 못하고 서둘러 군사를 나누어 맞섰다. 그러자 구천은 정예병을 이끌고 정면에서 부차를 공격했다. 오나라 군사는 큰 혼란에 빠졌고 모두들 달아나기 바빴다.

기원전 476년부터 구천은 중무장한 군사로 오나라의 도성을 3년 동안 포위했다. 부차는 부득이 자신을 낮추며 강화를 요청했다. 구천은 부차가 이제 늙고 무능한 모습을 보이자 강화를 받아들이려 하였다. 그러자 범려가 이를 말렸다.

"지난날 부차가 회계를 포위하였을 때, 우리 월나라는 속수무책이었습니다. 그런데 부차는 하늘이 준 절호의 기회를 팽개쳤다가 결국 오늘에 이르게 되었습니다. 이제 하늘은 월나라에게 기회를 주었습니다. 그러니 하늘의 뜻을 거역해서 되겠습니까? 20년이 넘도록 대왕께서 와신상담하며 각고의 노력을 기울인 것은 오나라를 철저하게 짓밟기 위한 것이 아니었습니까? '하늘이 주는데도 받지 않으면 오히려 벌을 받는다' 고 하였습니다. 오나라의 전철을 밟아서야 되겠습니까?"

구천은 강화를 받아들이려던 생각을 떨쳐냈다.

기원전 474년, 구천은 단숨에 오나라를 멸망시켰다. 구천은 관용을 내보이고자 외톨이가 된 부차를 회계 부근의 작은 고을에 옮겨 살게 하였다. 부차가 말했다.

"나는 이미 늙었다. 어찌 남의 울타리 안에 얹혀 살겠는가!"

막다른 절벽에 내몰린 부차는 지난날 오자서의 예언을 떠올리며 통한의 눈물을 흘렸다.

"자서! 지하에서 당신을 볼 면목이 없소!"

말을 마친 부차는 스스로 목을 매 자결했다.

부차와 마찬가지로 구천의 야심도 이웃한 숙적을 멸망시키는 것에 그치지 않았다. 그 또한 중원으로 올라가 패자가 되고 싶었다. 오나라를 멸망시킨 구천은 회수를 건너 서주徐州에서 제나라, 진나라의 군주와 회합하고, 제후들이 주나라 천자의 권위를 지켜줄 것을 호소했다. 그러자 주나라 원왕元王은 구천에게 제사고기를 내리고 그를 제후의 우두머리인 '백伯'으로 삼았다. 월나라는 순식간에 장강과 회수 하류 일대에서 위엄을 떨치게 되었고, 각국 제후들의 축하사절이 잇달아 찾아들었다. 패자를 바라던 구천의 꿈은 마침내 현실이 되었다.

10.
만족을 알면 치욕을 당하지 않는다

지나치게 아끼면 더 큰 소모를 가져오고, 지나치게 쌓아두면 심각한 손실을 불러온다.

그러므로 만족을 알면 치욕을 당하지 않고, 그칠 줄 알면 아무 위험이 없으니, 길이 생존할 수 있다.

甚愛必大費심애필대비; 多藏必厚亡다장필후망.
故知足不辱고지족불욕, 知止不殆지지불태, 可以長久가이장구.

「도덕경」 제44장

풀이

甚愛심애 지나치게 아낌.
厚亡후망 심각한 손실.
殆태 위험.
費비 소모함.
止지 그침.

해설

노자는 명예와 재물을 추구하는 것과 생명을 보전하는 것은 결코 서로 받아들이지 못하며, 명성과 이익을 지나치게 아끼면 반드시 큰 대가를 치러야 하고, 지나치게 쌓아두면 큰 손실을 가져온다고 여겼다. 노자는 탐욕은 인생에 있어서 화의 근원이 된다며 무욕無欲을 주장했다. 한사코 명예를 추구한다면 끝내 모욕을 당하게 마련이고, 한사코 부귀를 추구한다면 끝내 위험에 빠지게 마련이다. 그러므로 만족을 알고 욕심을 갖지 않아야만 곤욕을 치르지 않을 수 있고, 그칠 줄 알아서 행하지 말아야만 위험에 빠지지 않을 수 있다.

노자는 이 말에서 명예와 재물을 추구하는 것과 생명을 보전하는 것은 서로 모순되는 것으로, 얻는 것이 많을수록 잃는 것도 많아지므로, "만족을 알고", "그칠 줄 알아야 함"을 일깨워 준다. 만족을 알고 그칠 줄 알아야만 삶을 온전히 할 수 있는 것이다. "만족을 알면 치욕을 당하지 않고, 그칠 줄 알면 아무

위험이 없다."는 말은 처세에 대한 노자의 지혜다.

만족을 안다는 것은 모든 사물은 발전에 한계가 있어서 그 한계를 벗어나면 필연적으로 반대쪽으로 발전하게 마련이라는 것을 의미한다. 따라서 자신의 언행을 명확하게 인식하고, 무슨 일에 있어서든 완벽함을 추구하지는 말아야 한다. 추구하는 명성과 이익이 클수록 치러야 하는 대가 또한 커지는 법이다. 쌓아놓은 재물이 많아질수록 잃어버리는 것도 많아진다. 노자는 사람들, 특히 손에 칼자루를 쥔 사람은 재물에 대한 소유욕을 적절한 정도에서 그쳐야 한다고 하였다. 만족을 알아야만 치욕을 당하지 않을 수 있기 때문이다. 많이 쌓아둔다는 것은 물질적 생활을 지나치게 추구한다는 의미다. 물질적 이익만을 추구하는 사람은 온갖 수단으로 욕망을 만족시키려 할 것이다.

"지나치게 쌓아두면 심각한 손실을 부른다."는 것은 물질적 손실만을 의미하는 것이 아니며 사람의 정신, 인격, 자질에 있어서의 손실도 가리키는 것이다. 개인적 욕망에 탐닉하는 사람은 흔히 물욕, 색욕, 권력욕에 마음을 빼앗겨 끝내 재앙을 불러들이고 만다.

욕망에 반대하는 노자의 이 말은 오늘날에도 부패를 척결하고 청렴함을 제창함에 있어서 중요한 의미를 갖는다.

예화

화신이 재물을 탐내 스스로 화를 불러들이다

화신和珅은 청淸나라 때의 인물로, 전형적인 탐관오리다. 건륭乾隆 15년인 1750년에 북경의 한 평범한 가정에서 태어난 그는 어려서부터 총명해 사람들에게 큰 사랑을 받았다. 나중에 그는 함안궁咸安宮에 있는 관학官學에서 10년 동안 만주어滿洲語와 한어漢語의 통·번역을 공부했는데 학업 성적이 우수했으며, 당시 유명한 학자이던 오삼성吳三省과 오성흠吳省欽 등에게서 시문詩文을 공부하기도 하였다.

화신은 아버지가 조상에게서 삼등경거도위라는 작위를 물려받았기에 집안 형편이 궁색하지는 않았다. 하지만 여느 부유한 집안과 비교한다면 한참 모자랐다. 화신은 어려서부터 관료사회의 다툼과 경쟁을 보면서 자랐다. 그런 모습을 통해서 그가 뼛속 깊이 깨달은 것은 돈이 갖는 위력이었다. 화신은 권력을 잡아야만 돈이 생긴다는 사실을 터득했다. 그래서 그는 수단방법을 가리지 않고 벼슬길에 나갈 기회를 찾았다.

화신은 마침내 기회를 잡게 되었다. 1769년, 화신은 형부상서 영렴英廉의 마음에 들어 그의 손녀사위가 되었다. 화신으로서는 기댈 언덕이 생겼고, 창창한 앞날이 보장된 셈이었다. 같은 해에 화신은 부친에게서 삼등경거도위의 작위를 물려받았다. 몇 년 뒤에 화신은 영렴의 도움으로 황제를 수행하는 삼등 시위의 직책을 받게 되었다. 하지만 품계가 한 등급 모자라 황제를 수시로 수행할 수는 없었다. 그러나 화신은 좌절하지 않았다. 언젠가는 자신에게도 기회가 오리라는 것을 굳게 믿었다.

화신에게 마침내 절호의 기회가 찾아왔다. 한번은 그가 다른 시위들과 함께 건륭제乾隆帝를 보위하고 궁을 나섰다. 황제는 수레에 앉아 변방에서 올린 군사 정보를 살피고 있었는데, 거기에는 감시소홀로 범죄자가 달아났다는 내용이 들어 있었다. 황제는 화를 삭이며 혼잣말로 『논어』에 나오는 구절을 읊조렸다.

"호랑이와 무소가 우리에서 뛰쳐나오고, 거북이와 옥이 궤짝 속에서 깨지니, 이는 누구의 잘못인가?"

주위의 시종과 근위병들은 무슨 뜻인지 전혀 알지 못했다. 이때 화신이 나서 응대했다.

"담당 관리는 책임을 면할 수 없습니다."

황제는 이 말에 매우 기뻐하면서 화신에게 되물었다.

"네가 『논어』를 읽어보았느냐?"

"예. 사서四書와 오경五經을 대략 알고 있습니다."

황제는 화신에게 출신 배경과 나이 등을 물었고, 화신은 조리 있게 대답했다. 황제는 화신이 외모가 준수하고 태도가 반듯하며 대답 또한 명쾌하였기에 무척 호감을 갖게 되었다. 화신은 마침내 황제의 총애를 받게 되었고, 불과 2, 3년 만에 세 차례나 승진을 거듭해 어전시위御前侍衛에 오르게 되었다. 당시 그의 나이는 겨우 25세였다.

1776년, 화신은 호부시랑으로 승진하고, 군기대신과 내무부대신을 겸직하게 되었다. 황제는 화신을 무척 신임하여 그에게 여러 요직을 겸직하게 하였다. 그가 맡은 자리는 모두 권력이 막강한 자리였다. 특히 세무감독 자리는 큰돈이 굴러 들어오는 자리였다. 숱한 관리들이 화신에게 음으로 양으로 촌지를 건넸고, 화신은 직위를 이용해 대담하게 재물을 긁어모았다.

화신은 남의 마음을 읽어 내는 재주를 지니고 있었다. 때문에 그는 황제의 마음도 훤히 꿰고 있었다. 그는 황제가 걸핏하면 선왕 강희제康熙帝를 본보기로 삼는 것을 알고 강희제의 성덕을 노래하여 건륭제의 은택이 세상에 두루 미침을 칭송했다. 한번은 황제가 "하늘에는 천당이 있고, 땅에는 소주蘇州와 항주杭州가 있다."고 말하자 화신은 황제에게 강남 지방의 산수풍경을 들먹이며 강희제가 강남을 순시하던 광경을 이야기하였다. 그러자 황제는 강희제처럼 강남을 순시하고 싶은 마음을 갖게 되었고, 화신은 건륭제에게 강남을 순시하라고 권유해 환심을 얻었다. 뿐만 아니라 화신은 황제가 타고 갈 용선龍船을 건조하는 일과 어거御車의 영접을 맡아보면서 거액의 재물을 챙겼다.

1780년 정월, 황제는 화신과 이부시랑 객녕아喀寧阿에게 운귀총독 이시요李侍堯의 독직 사건을 조사하게 하였다. 화신은 이시요의 죄상을 즉각 파헤쳐 보고했다. 신속하고 깔끔한 화신의 일처리에 크게 만족한 황제는 그를 운귀총독으로 삼으려던 계획을 바꿔 다시 북경으로 불러들였다. 그리고 그가 북경에 도착하기도 전에 이부상서로 승진시켰다.

화신은 관직과 작위가 더해진 것 이외에도 황제와 인척이 된 사실이 무엇보다도 기뻤다. 화신은 1775년에 아들을 낳았는데, 만 6세가 되었을 적에 황제는 직접 풍신은豊紳殷이라는 이름을 하사하고, 막내공주의 배필로 삼아 성년이 되면 혼례를 치러주기로 하였다. 황제와 인척이 된다는 것은 화신의 지위를 더욱 보장해 주는 일이었다. 화신은 더욱 승승장구하며 온갖 요직을 거쳤다.

화신은 북경 외곽에 숙춘원淑春園이라는 개인 별장을 갖고 있었는데, 이는 그가 세상에서 최고의 갑부가 되었음을 보여주는 상징물이었다. 숙춘원은 지금도 그 터가 북경대학 북쪽에 남아 있다. 화신은 본래 자기 집을 헐고 그 자리에 새집을 지을 계획이었다. 그런데 만년에 이르러 더욱 화신을 총애한 황제가 '실세 재상'이 살기에는 어울리지 않는다면서 그에게 숙춘원을 하사했다. 화신은 숙춘원을 하사받자 이름을 '십홀원十笏園'으로 바꾸었다. 이는 열 개의 홀笏을 수중에 넣었다는 의미였다. 화신은 연못을 파고 돌산을 쌓아 풍경 좋은 원림을 만드는 등 숙춘원을 대대적으로 수리했다. 전체적인 구조는 원명원圓明園을 모방해 가산假山, 토강土崗, 석탑, 섬을 만들고, 거기에 석방石舫, 고도孤島를 만들었으며, 녹나무로 내대녕수궁內大寧壽宮의 양식을 본뜬 화려하고 당당한 건물을 세웠다. 숙춘원의 수리에 들어간 인력과 비용은 계산조차 어려울 정도였다.

숙춘원에는 화신의 처자식과 며느리를 비롯해 화신이 불러들인 막료 오성흠, 오성란吳省蘭, 이황李璜 등이 거주했다. 이들 막료는 화신에게 많은 아이디어를 제공하는 '브레인 탱크'였다. 이밖에도 많은 노비들이 있었는데, 화신은 자신의 직권을 이용해 많은 공적 인원들을 마음대로 부려먹었다. 숙춘원에서 화신의 생활은 호화롭기 짝이 없었다.

1796년 정월 초하룻날, 건륭황제는 정식으로 퇴위하면서 가경제嘉慶帝 옹염顒琰에게 황제의 자리를 넘겼다. 그러나 건륭제는 이선으로 물러난 것이었을 뿐 결코 권력을 내놓은 것은 아니었다. 화신은 여전히 높은 자리에 앉아 건륭제의 변함없는 신임을 받을 수 있었다. 어린 황제인 옹염은 못내 불만스러웠지만 참고 견디는 수밖에 없었다.

1799년 정월 초이튿날, 건륭제가 세상을 떠났다. 사흘 뒤,

가경제는 상복 차림으로 백관들을 모아 놓고 감찰 관원을 시켜 조정 대신들의 불법 행위를 조사하게 하였다. 당시 왕념손王念孫은 가장 먼저 화신을 체포했다. 이는 많은 대신들에게 공감을 얻었다. 초아흐렛날, 황제는 화신의 죄상을 취조하고 재산을 조사하게 하는 한편, 화신과 관계가 밀접한 호부상서 복장안福長安의 관직을 몰수했다. 담당 관리가 화신의 재산을 조사해 그 결과를 내놓자 놀라지 않는 사람이 없었다. 방이 8천여 간, 밭이 8천여 헥타르, 엄청난 양의 금은보화를 비롯해 비단과 인삼이 창고에 가득했다. 당시 청나라 조정의 연간 재정수입은 은 7천만 냥 규모였다. 그런데 화신의 재산을 은으로 환산하면 8억 냥에 이르러, 청나라 조정의 10년 수입보다도 더 많았다. 뿐만 아니라 화신의 두 부인에게서 압수한 재산만도 은 7백만 냥에 해당되었다. 몰수한 화신의 가산은 대부분 가경제의 사고私庫로 들어갔다. 당시 민간에서는 "화신은 자빠지고, 가경제는 배불렀다."는 말이 나돌았다.

1799년 정월 18일, 그러니까 건륭제가 죽고 보름이 지났을 때 가경제는 화신에게 자살을 명령했다. 그날 황혼 무렵, 황제의 명령서를 전달받은 화신은 황제의 은혜에 감사드리고 목을 매 목숨을 끊었다.

11. 만족을 알면 늘 즐겁다

가장 큰 화난은 만족을 모르는 것이고, 가장 큰 재난은 끝없이 욕심을 부리는 것이다.

그러므로 만족을 알아서 만족할 수 있다면 영원히 풍족할 것이다.

禍莫大於不知足화막대어부지족, 咎莫大於欲得구막대어욕득.
故知足之足고지족지족, 常足矣상족의.

「도덕경」 제46장

풀이

莫 막 '무無'와 통함. 없음. **足** 족 만족함.
咎 구 허물, 재난.

해설

노자는 세상의 모든 다툼은 사람이 "만족을 모르는" 데서 비롯된다고 여겼다. 그는 전쟁도 통치자가 만족을 모르고 탐욕을 부리는 것에서 비롯된다는 사실을 꼬집으며, 만족을 모르는 탐욕이 가장 큰 화난이라고 하였다.

인생에서 가장 큰 화난은 만족을 모르는 것이다. 인생에서 가장 큰 과실은 끝없는 탐욕에서 비롯된다. 그러므로 만족을 알아서 그칠 줄 안다면 항상 만족스러울 수 있다. 탐욕이 그치지 않기 때문에 시비가 일어나고, 남을 해쳐 자신의 이익을 챙기고, 남과 원한을 쌓고, 화를 부르는 것이다. 중국의 역사를 돌아보면, 이와 같은 사례는 무수히 많다. 예컨대 당나라의 장손무기長孫無忌는 지나친 권력욕 때문에 불행한 죽음을 맞고 말았다. 탐욕을 부리는 자는 명성을 더럽히고 자신을 망치게 마련이다. 결코 결말이 좋을 수 없는 법이다.

예화

장손무기가 권력욕 때문에 죽음을 자초하다

장손무기長孫無忌는 당唐나라의 명문가 출신으로, 태종太宗 이세민李世民의 황후인 문덕황후文德皇后의 오라버니다. 그는 태종과 고종高宗 두 황제 아래에서 재상을 지냈는데, 특히 영휘永徽 연간에는 조정의 권력을 좌지우지하였다. 하지만 나는 새도 떨어뜨리던 그도 무측천武則天에게서 역모의 누명을 뒤집어쓰고 검주黔州로 유배되었다가 결국 목을 매달아 자살하고 말았다. 장손무기의 비극적 종말은 앞서 이각李恪이 죽으면서 남긴 "장손무기는 권력을 함부로 휘둘러 선량한 사람들을 죽이고 있다. 종묘사직에는 신령이 계시니, 이제 그가 멸족할 날도 머지않았다."는 저주가 입증된 것이었다.

이세민은 장손무기를 무척 존중했다. 그것은 장손무기와는 원래 포의지교布衣之交인데다 처남매부 사이라는 각별한 관계였고, 또 고조 이연李淵이 진양晉陽에서 군사를 일으켰을 때 공을 세웠기 때문이기도 했지만, 특히 자신이 황제의 권좌를 다투는 소용돌이 속에서 도움을 얻었기 때문이었다. 당나라의 건국에 지대한 공을 세운 이세민의 주변에는 많은 책사와 장수들이 모여들었다. 그런데 황제의 자리에 오르고는 싶었지만 차마 자기 입으로 말을 꺼낼 수 없었던 이세민은 자기 수하들이 이에 어떤 역할을 하는지 유심히 살폈다. 그때 장손무기는 심복이라는 특수한 지위를 빌려 자신의 수완을 잘 내보였다. 이세민이 형제들과 갈등이 격화되자 장손무기는 이건성李建成과 이원길李元吉을 죽이라고 밤낮으로 이세민에게 권했고, 또 이건성이 이세민을 치려 한다는 소식이 들리자 선수를 치라고 강력하게 권고했다. 이세민은 결단을 내리지 못하고, 외지에 유배되어 있던 방현령房玄齡과 두여회杜如晦를 극비리에 불러 대책을 논의했다.

626년 6월 4일, 이세민은 마침내 현무문玄武門에 군사를 숨겨두었다가 이건성과 이원길을 살해하였는데, 이를 역사에서는 '현무문의 정변'이라고 부른다. 장손무길은 이건성과 이원길을 죽임에 있어서 공로를 세움으로써 이세민의 깊은 신뢰를 받았다. 이 일이 있은 이후로는 외신外臣들의 우려도, 장손황후의 간언도, 장손무기의 승승장구를 막지 못했다.

643년, 태자 이승건李承乾이 역모 혐의로 폐위되어 서인庶人이 되는 사건이 벌어졌다. 황위의 계승법에 따라 태자의 자격을 갖춘 인물로는 장손황후의 소생인 이태李泰와 이치李治가 있었다. 태종은 문학을 애호하던 이태는 무척 아낀 반면 나약한 이치는 좋아하지 않았다. 언젠가는 이태의 면전에서 그를 태자로 세우겠다고 약속하기까지 하였다. 하지만 결과적으로는 이치가 태자의 자리에 올랐다. 이런 결과가 생긴 것은 장손무기와 관계가 있었다.

당시 조정의 많은 신하들은 이태를 태자로 세울 것을 주장했지만 장손무기와 저수량褚遂良을 중심으로 한 일부 대신들은 이치를 세우자고 주장했다. 태종으로서는 장손무기의 지위와 영향력을 무시할 수 없었다. 당시 장손무기는 외척이자 재상으로, 태종이 가장 신임하는 대신이자 관롱關隴 집단을 대표하는 인물이었다. 관롱 집단은 당나라 왕조에 있어서는 수족과도 같은 존재였는데, 태종은 만년에 이르러 더욱 관롱 집단을 믿고 의지했다. 이런 사실은 태자 책립에 있어서 태종의 개인적 성향과 관롱 집단의 요구가 서로 마찰을 빚었음을 보여준다. 태종은 저울질을 거듭하다가 결국 이치를 태자에 책봉했다.

장손무기가 이치를 태자로 내세운 것은 결코 이치가 훌륭하였기 때문이 아니다. 여기에는 나름의 계산이 있었다. 우선 이태와는 마음이 맞지 않았다. 또한 이태는 오랫동안 황제의 사랑을 받았기 때문에 조정에는 그를 추종하는 무리들이 있었다. 그런 이태가 황제의 자리에 오르면 장손무기는 권력이 약화되거나 심지어 빼앗길 위험성이 있었다. 반면 유약하고 무능한 이치가 황제의 자리에 오른다면, 장손무기는 그를 추대한 공을 빙자해 자신이 황제를 조종할 수 있었다. 하지만 장손무기는 자신이 남을 조종하는 것처럼 자신도 남에게 조종당할 위험이 있다는 사실을 미처 깨닫지 못했다.

이치는 비록 태자의 자리에 올랐지만 태종은 그의 자질을 매우 의심하고 태자를 바꿀 생각을 가졌다. 하지만 장손무기의 완강한 반대로 포기하고 말았다. 649년, 태종이 병으로 드러눕자 장손무기와 저수량은 이치를 도와 황제의 자리에 오르게 하였다. 그가 역사에서 말하는 당나라 고종이다.

고종은 영휘永徽 연간에 국정을 장손무기와 저수량에게 일임했다. 그러자 장손무기는 정국을 안정시키는 동시에 관롱 집단의 세력을 확장시키는 정책을 취했다. 예컨대 고종이 즉위한 때로부터 무측천이 즉위할 때까지의 6년 동안 배출된 여섯 명의 재상 가운데 무려 다섯 명이 관롱 집단 출신이었다. 장손무기는 관롱 집단이 아닌 대신들을 철저하게 배제하면서 자신의 권력 네트워크를 구축했다. 더욱이 장손무기가 방유애房遺愛의 역모 사건을 구실 삼아 평소 명망이 높던 이각李恪을 제거하고, 자신과 사이가 좋지 못한 이도종李道宗을 영남 지방으로 유배시킨 일은 실로 심각한 일이었다. 결국 이는 조정에 반대파가 형성되는 토양을 만들었고, 장손무기를 고립무원으로 몰아넣었다.

장손무기의 세력이 조정 밖으로 뻗어나가던 무렵에 궁중에서는 왕황후王皇后와 무후武后를 폐위하는 문제가 벌어졌다. 고종의 원비元妃 왕황후는 아들이 없었던 반면 소의昭儀 무측천은 황제의 총애를 받아 여러 명의 아들을 낳았다. 무측천은 왕황후의 자리를 빼앗고자 숱한 시도를 하였고, 나약한 성격의 고종이 왕황후를 폐위하지 못하는 것이 무척 불만이었다. 654년, 무측천은 왕황후가 낳은 어린 딸을 살해하고 그 죄를 왕황후에게 뒤집어 씌웠다. 이런 계략은 주효했다. 고종과 왕황후는 이 일로 감정이 크게 악화되었고, 고종은 마침내 왕황후를 폐위하려는 생각을 갖게 되었다. 고종은 왕왕후를 폐위하고 무측천을 대신 황후의 자리에 앉힐 생각이었다. 하지만 이는 장손무기에게 있어서는 자신의 지위를 뒤흔들 수 있는 심각한 문제였다. 더욱이 관롱 집단 전체의 명운이 달린 문제였다. 장손무기는 결코 물러설 수 없었다. 장손무기는 무측천이 황후의 자리에 오르는 것을 막으려고 안간힘을 썼다. 반면 장손무기에게 배척당한 대신들은 고종에게 무측천을 황태후로 책봉하라고 거듭 건의했다. 고종은 이적李勣에게 의견을 물었다. 이적은 사공司空의 직책에 있으면서도 한쪽에 내밀려 있던 개국공신이었다.

"이는 폐하의 집안일입니다. 바깥사람에게 물어보실 필요가 무엇이 있겠습니까?"

마침내 결심을 굳힌 고종은 왕황후를 폐위하고 무측천을 황후에 책봉했다. 이는 장손무기의 입장에서 본다면 자신의 경쟁자 그룹에 권력욕이 강한 무측천을 가세하게 만든 꼴이었다. 고종이 재위하는 동안 무측천은 조금씩 권력을 장악해 나갔다. 무측천은 자기보다 높은 지위에 있는 경쟁자를 결코 내버려두지 않았다. 수년에 걸쳐 장손무기를 제거하려는 계획이 차근차근 진행되었다.

659년 4월, 무측천은 심복 허경종許敬宗을 시켜 장손무기가 역모를 꾸몄다고 모함했다. 고종은 처음에는 이를 믿지 않았지만 판단력이 부족했던 고종은 허경종이 거듭 상소하자 마침내 장손무기를 멀리 검주黔州로 유배시켰다. 이어서 허경종은 역모의 죄명을 씌워 장손무기와 관련된 사람들을 모조리 제거했다.

장손무기는 모든 권력을 잃어버렸지만 무측천은 여기서 그치지 않았다. 그녀는 장손무기를 살려두는 것은 화근을 남기는 것이라고 판단하고 그해 7월에 장손무기를 압박해 자결하게 하고 친지들을 모두 유배시켰다.

장손무기가 비극적 종말을 맞은 것은 그가 지나치게 권력에 매달렸기 때문이다. 장손무기는 황제의 자리를 빼앗을 의도는 조금도 없었지만 외척으로서 권세를 잡는 것은 어렵지 않았다. 장손무기의 누이 문덕황후는 누차 오라버니에게 벼슬을 그만두라고 권고했지만 장손무기는 그 뜻을 헤아리지 못하고 자신의 이익을 위해 못난 태자를 황제에 옹립했다. 그리고 자신이 권력을 손에 넣자 후환을 없애고자 이각을 살해하고, 이도종을 모함해 억울한 죽임을 당하게 하였다. 하지만 그 자신도 결국 남의 음모로 죽임을 당하고 말았다. 장손무기는 권력으로 자신의 입지를 굳혔지만 끝내 불행한 죽음을 맞이한 것이다.

12. 주변 모든 사람을 사랑하라

성인은 사사로운 마음을 갖지 않고 백성의 마음으로 자신의 마음을 삼는다.

선량한 사람은 나도 선하게 대하고, 선량하지 못한 사람도 나는 선하게 대한다. 그리하여 나의 덕은 평등해진다.

진실한 사람은 나도 진실하게 받아들이고, 진실하지 못한 사람도 나는 진실하게 받아들인다. 그리하여 사람들은 나의 덕을 믿는다.

성인은 천하를 다스림에 사심과 편견을 내세우지 않고 백성의 마음을 순박하고 무던한 데로 돌아가게 만든다. 백성들은 모두 성인의 가르침을 주시하고 경청하여 그의 품행을 본뜨고, 성인은 그들을 모두 마치 어린아이처럼 만든다.

聖人無常心성인무상심, 以百姓心爲心이백성심위심.

善者선자, 吾善之오선지; 不善者불선자, 吾亦善之오역선지; 德善덕선.

信者신자, 吾信之오신지; 不信者불신자, 吾亦信之오역신지; 德信덕신.

聖人在天下성인재천하, 歙歙焉흡흡언, 爲天下渾其心위천하혼기심, 百姓皆注其耳目백성개주기이목, 聖人皆孩之성인개해지.

「도덕경」 제49장

풀이

德 덕 '득得'과 같음. 얻음.
歙歙 흡흡 마음에 고집스러움이 있는 상태.
注其耳目 주기이목 그 귀와 눈에 주목함. 즉 귀로 듣고 눈으로 봄.
孩 해 갓난아이. 여기서는 성인은 갓난아이처럼 듣고 보지 않는 것으로, 무위無爲의 다스림을 가리킴.

해설

노자의 이 말은 남을 이해하고, 남을 존중하고, 남을 사랑하라는 세 가지 의미를 담고 있다.

선량한 사람을 선하게 대하기란 어렵지 않지만, 선량하지 못한 사람을 선하게 대하기란 쉬운 일이 아니다. 노자는 선한 사람이든 악한 사람이든 모두 너그러운 마음으로 선하게 대하면 착하지 못한 사람도 착하게 만들 수 있다고 주장한다. 또 진실한 사람을 진실하게 받아들이는 것은 흔한 일이지만 진실하지 못한 사람을 진실하게 받아들이기란 어려운 일이다. 노자는 성실한 사람이든 성실하지 못한 사람이든 믿어야만 거짓을 진실로 바꾸고, 거짓으로 가득 찬 사람을 진실한 사람으로 만들 수 있다고 주장한다. 노자가 말하는 사람됨의 도리는 그 도량이 보통 사람을 넘어서는 것임에 분명하다.

노자가 성인聖人은 백성들과 마음을 서로 잇는다고 한 것은 노자의 민본주의民本主義 사상을 잘 보여주는 것으로, 이 명언의 핵심을 이룬다. 중국 역사를 돌아보면, 한나라 문제文帝와 당나라 태종太宗처럼 백성을 사랑한 훌륭한 황제들은 각각 '문경文景의 성세盛世'와 '정관貞觀의 치세治世'로 일컬어지는 태평성대를 구가했다.

지금 우리는 노자가 언급한 사람됨의 도리와 민본사상을 잘 계승해야 한다. 악은 원수처럼 미워해야 하지만 사람에 대해서는 덕망이 높든 생각에 문제가 있든 모두 노자의 지적처럼 너그럽게 대하고 또 믿어주어야 한다. 결점과 잘못이 있는 사람을 백안시하거나 불신하는 태도를 보여서는 아니 된다. 그래야만 서로 화합할 수 있고, 또 상대를 일깨워 함께 행복한 사회를 만들어 나갈 수 있다.

예화

당나라 태종이 '정관의 치세'를 이룩하다

당唐나라 태종 이세민李世民은 당나라의 두 번째 황제로, 역사적으로 보기 드문 훌륭한 황제였다. 그는 황제의 자리에 있는 동안 문文과 무武를 고루 닦고, 간언諫言을 물처럼 받아들였으며, 인재를 매우 존중했다. 그는 눈부신 업적을 이룩해 세상에 위엄을 떨쳤으며, 역사를 한 단계 발전시킨 '정관貞觀의 치세'를 이룩했다.

이세민은 18세에 자신의 존재를 세상에 처음 알린 이래로, 24세에 천하를 평정하고 마침내 황제의 자리에 올랐다. 그는 즉위한 이듬해에 연호를 정관貞觀으로 바꾸었다. 풀어야 할 일들이 산더미처럼 쌓여 있는 상황에서 태종은 전쟁을 즉시 중지하고 문치文治와 교화敎化에 힘써야 할 필요성을 느꼈다. 그는 이런 생각을 바탕으로 세상을 편안하게 만드는 것을 국정의 기본 방침으로 정하고, 모든 일에 있어서 전쟁으로 상처받은 '문치'의 치유에 중점을 두었다.

문치를 제창하기 위해 태종은 우선 젊은 시절 전쟁 때문에 부족한 자신의 독서 공백을 메우는 데 노력을 기울였다. 그는 유가儒家의 경전을 비롯해 각종 역사서를 탐독하면서, 거기에서 천하를 경영하는 경험과 지혜를 얻고자 하였다. 그리하여 낮에는 산적한 국정을 처리하고, 밤이 되면 끼니조차 거르면서 등불을 밝히고 독서에 매달렸다. 또 틈틈이 학자들을 불러 토론을 벌이기도 했는데, 이런 자리는 종종 밤이 늦어서야 끝이 났다. 태종은 열심히 공부했고, 또 남의 의견을 허심탄회하게 받아들일 줄 알았다. 때문에 그는 전쟁만 알던 일개 무인武人에서 중국 역사상 가장 젊은 나이에 원대한 일을 이루어낸 훌륭한 군주가 될 수 있었다.

문치를 확립하기 위해 태종은 문신들을 과감히 발탁해 권한을 주었고, 이에 무인들이 권력을 휘두르던 당나라 초기의 상황은 차츰 개선되었다. 그는 대신들에게 "사람을 쓰는 데는 덕행과 학식을 근본으로 삼아야 한다."고 거듭 강조했다. 그는 황제의 자리에 오른 처음 2, 3년 동안에 최고의결집단을 정비했다. 629년, 태종은 저명 학자인 방현령房玄齡과 두여회杜如晦를 좌우 승상에, 이정李靖을 병부상서에, 위징魏徵을 비서감으로 삼았다. 방현령은 지략이 뛰어났고, 두여회는 과단성이 있었으며, 위징은 충언忠言을 할 줄 아는 인물로, 모두 '정관의 치세'에 크게 기여한 인물들이다. 그는 또 문관 양성을 위해 국학國學의

규모를 확대하고, 각급 과정의 교원을 늘렸다. 아울러 국학을 수차례 찾아가 교원들을 격려하고 상을 내렸다. 태종이 유학을 장려해 공자孔子를 '선성先聖'으로 추존하자 사방의 유생들이 도성으로 모여들었다. 심지어 멀리 토번吐藩, 고창高昌, 고구려, 신라, 백제의 학자들도 장안長安으로 유학을 왔다. 이리하여 조정에는 문치를 숭상하는 기풍이 빠르게 정착되었다. 신하들도 함께 치국의 이념을 토론하고, 정치를 공명하게 만들고자 부단히 노력하였다. 이는 '정관의 치세'를 이룩함에 있어서 훌륭한 토대가 되었다.

태종은 과거 정치의 득실을 거울로 삼았다. 특히 수隋나라의 멸망은 그에게 훌륭한 귀감이었다. 그는 역사의 교훈과 현실의 경험을 통해 "백성은 나라의 근본"이라는 교훈을 얻어냈다. 한 왕조의 흥망은 민심의 향배에 의지하는 것으로, 임금이 "도가 있으면 사람들이 추대하여 임금으로 삼지만, 도가 없으면 그를 버린다."는 이치를 깨달은 것이었다. 그래서 태종은 "임금은 나라에 의지하고, 나라는 백성에 의지해야 한다."는 생각을 갖게 되었다. 태종은 민심을 얻으려면 군주가 먼저 반듯해야 하고, 남보다 먼저 "욕심을 억제해야 한다."고 생각했다. 군주가 "탐욕스러우면 지출이 늘고, 지출이 늘면 세금이 무거워지며, 세금이 무거워지면 백성들이 고달프고, 백성들이 고달프면 나라가 위태로워지며, 나라가 위태로워지면 임금이 자리를 잃게 되기" 때문이었다. 태종은 언젠가 위징에게 이렇게 물었다.

"제왕의 업은 이룩하기가 어려운 것이오? 지키기가 어려운 것이오?"

위징은 이렇게 대답했다.

"지키는 것이 어렵습니다. 제왕은 천하를 얻으면 교만하고 사치스러워집니다. 그러면 백성들은 늘 요역에 시달리고 결국 지치게 됩니다. 나라의 쇠망은 항상 여기에서 시작됩니다."

태종은 훌륭한 견해라고 생각했다.

"군주가 욕심이 많으면 백성들이 고달픈 법이오. 욕심을 억제하고 자신을 이겨내도록 노력하겠소."

태종은 기침병을 앓았는데, 살고 있는 궁전이 눅눅해서 해묵은 질병이 쉽게 도졌다. 이 때문에 새로운 궁전을 지을 계획을 세우고 있었다. 이미 건축자재까지 준비된 상황이었다. 하지만 태종은 지난날 진秦나라 시황제始皇帝가 대규모 공사를 벌였던 일이 떠올라 이 계획을 중지했다. 이듬해에 몇몇 대신들이 어차피 자재가 마련되었으니 당초 계획대로 공사를 진행하자고 건의했지만 태종은 이를 허락하지 않았다. 그는 이렇게 덧붙였다.

"예전에 한나라 문제文帝는 여산驪山에 연회용 노대露臺를 지으려고 하였소. 그가 기술자를 불러 계산을 해보았더니, 중류층

열 가구의 재산에 맞먹는 비용이 필요하다는 계산이 나오자 계획을 백지화하였소. 지금 짐은 공적과 덕망은 한나라 문제에 미치지 못하오. 그럼에도 새 궁실을 짓는 비용은 문제가 지으려던 노대보다 훨씬 많소. 그러니 이는 백성들을 생각하면 해서는 아니 되는 일이오."

630년, 태종은 낙양洛陽을 돌아보려고 낙양의 건원전乾元殿을 손질하게 하였다. 그런데 장현소張玄素가 완강히 반대했다.

"건원전을 수리하려면 엄청난 비용이 들어갑니다. 이는 과거 많은 군주들의 잘못을 답습하는 것으로, 수나라 양제에 못지않습니다. 계획을 취소하지 않는다면, 수나라의 양제, 하나라의 걸왕桀王, 은나라의 주왕紂王과 같은 종말을 가져올 것입니다."

태종은 이 말에 깜짝 놀라 공사를 중지시켰다. 그리고 장현소에게 비단 5백 필을 하사하며 칭찬했다.

"숱한 사람들이 예! 예! 하는 것이 한 사람이 올곧은 말을 하는 것만 못하구려!"

태종은 정관의 치세 초기에는 이처럼 무척 검소하게 생활했다. 그런데 당나라의 국세가 번창하면서 태종은 차츰 멋대로 백성들을 징발하고 또 요역을 부과하는 경향을 보이기 시작했다. 그러자 위징은 태종에게 수나라를 거울삼아 검소함을 좇아 예전의 모습을 되찾으라며 간청했다. 태종은 위징의 비판을 받아들였다.

그해 가을에 큰비가 잇달아 내리더니 낙수洛水가 범람해 낙양궁이 침수되었다. 뿐만 아니라 궁실, 사찰, 민가가 무너져 무려 6천 명이 넘는 사람들이 목숨을 잃었다. 태종은 낙양궁만 약간 손질한 다음 남는 자재는 모두 가옥이 파손된 주민들에게 나눠 주었다. 또 거처를 잃어버린 이재민들을 명덕궁明德宮과 비산궁飛山宮의 현포원玄圃院에서 머무르게 하였다.

역대 황제들은 모두 태산泰山에서 하늘에 제사를 올렸다. 태종이 황제의 보위에 오르자 많은 대신들은 그에게 태산을 찾아 봉선封禪 의식을 거행하라고 권했다. 하지만 태종은 이를 받아들이지 않았다. 641년, 나라가 안정을 찾자 비로소 태종은 태산을 찾아 봉선 의식을 거행했다.

태종은 세상을 뜰 때까지 큰 비용이 들어가는 의식은 치르지 않았다. 또 후장厚葬을 엄격하게 금지했으며, 궁녀들을 풀어주어 궁중의 지출을 줄였다. 또한 백성들의 힘과 재물을 아끼고, 농업을 중시하고, 요역과 부세를 경감하는 정책을 폈다. 균전제均田制를 적극적으로 시행해 고위관료들이 차지한 토지를 빈민들에게 나누어 주었고, 부득이 백성들을 징발해야 하는 경우에도 가능한 농한기에 징발했으며, 전란을 겪은 농민들에게는 재건을 돕기 위해 1년 동안 세금을 면제하였고, 피해가 큰 지역은

2년 동안 세금을 면제했다. 태종의 이런 조치는 사회 계층 사이의 갈등을 효과적으로 완화시켜 경제를 빠르게 회복시켰다. 정관 중기에 이르자 소와 말이 들판을 뒤덮고 의식이 풍족해졌다. 밤에 문을 걸지 않아도 되었고, 길에 물건을 떨어뜨려도 아무도 그것을 주워 가지 않았다.

13. 화와 복은 서로 의지한다

화는 복이 의지하는 곳이고, 복은 화가 숨어 있는 곳이다.

禍兮화혜, 福之所倚복지소의; 福兮복혜, 禍之所伏화지소복.

「도덕경」 제58장

풀이

倚의 의지함.

伏복 은닉함, 숨음.

해설

이는 『도덕경』 가운데서도 가장 널리 알려진 구절이다. 서로 모순된 두 측면이 상호 전화轉化되는 관계를 언급한 것으로, 노자의 변증법 사상을 잘 보여준다. 화와 복은 서로를 불러온다. 화는 비록 좋지 못한 것이지만 그 속에는 복의 인자가 작용하고 있고, 복은 좋아할 만한 것이지만 그 속에는 화가 도사리고 있다. 우리에게 널리 알려진 새옹지마塞翁之馬의 이야기는 이런 이치를 잘 보여준다.

모든 사물에는 정면과 반면이 있게 마련이다. 정면과 반면은 서로 전화되는 것임에도 사람들은 그것의 대립적인 측면에만 관심을 기울일 뿐 그것이 서로 전화된다는 사실은 소홀히 여긴다.

노자는 사물을 관찰함에 있어서 넓은 시야를 가지고 역으로 사유하라고 일깨워준다. 어떤 문제를 생각함에 있어서 냉정하게 전체를 살펴야지 겉모습에만 매달려서는 아니 된다. 아울러 그 속에 숨어 있는 것을 잘 찾아내어 그것이 자신에게 유리한 방향으로 발전하게 만들어야 한다.

화와 복이 서로를 불러오는 것에는 조짐이 있다. 따라서 화와 복은 미리 대처할 수 있다. 복을 얻었을 때 교만해진다면, 이는 장차 화가 나타날 전조이며, 화를 당했을 때 분발해 일어선다면, 이는 화로 말미암아 복을 얻게 되는 전환점이 된다. 인생에는 변수가 많다. 살아가는 가운데 화와 복은 서로 의존하고 또 서로 뒤바뀌는 것이다.

예화

변방의 노인이 말을 잃어버리다

중국의 전국戰國시대에 북쪽 변방에 한 노인이 살고 있었다. 노인은 외아들과 함께 말을 키우며 생활했다.

하루는 그가 키우던 말 한 필이 온데간데없이 사라졌다. 소식을 들은 이웃 사람들이 달려와 노인을 위로했다. 하지만 노인은 이웃들이 건네는 위로의 말에 오히려 웃으며 이렇게 대꾸했다.

"말 한 필 잃어버린 것이 뭐 그리 대단한 일이겠소? 어쩌면 복을 불러들일지도 모르는 일이지."

이웃 사람들은 노인의 반응에 어이없다는 표정을 지었다. 말을 잃어버린 것은 좋지 않은 일인데, 오히려 잘된 일인지도 모른다는 노인의 말에 사람들은 이것이 노인의 자기 위안이라고 여겼다.

며칠 후, 사라졌던 말이 제 발로 돌아왔다. 게다가 흉노匈奴의 준마 한 필을 데리고 돌아왔다. 이웃 사람들은 소식을 듣고 다시 노인의 집으로 모여들었다. 그들은 노인의 선견지명에 감탄하며 축하를 건넸다.

"정말 안목이 있으시군요. 잃어버린 말을 되찾았고, 게다가 이렇게 좋은 말까지 생겼으니 말입니다. 정말 행운입니다. 축하드려요."

하지만 노인은 이상하게도 이웃 사람들의 축하에 좋아하기는 커녕 오히려 근심스러운 표정을 지으며 이렇게 말했다.

"공짜로 준마 한 필이 생긴 것이 꼭 행운이라고 할 수는 없을 것이오. 어쩌면 골치 아픈 문제가 생길지도 모르지……."

이웃 사람들은 노인이 내심 좋으면서 일부러 담담한 체하는 것이라고 여겼다.

노인의 아들은 말 타기를 즐겼다. 그는 자기 집 말이 데리고 온 흉노의 말이 키가 훤칠하고 울음소리가 시원하며 동작이 재빨라 단번에 명마임을 알아차렸다. 그는 날마다 그 말을 타고 초원을 누볐다. 그런데 하루는 너무 흥에 겨워 말을 달리다가 말 잔등에서 떨어져 다리가 부러졌다. 이웃 사람들이 소식을 듣고 달려와 노인을 위로했다. 그러자 노인은 이렇게 대답했다.

"괜찮소. 다리는 부러졌지만 아마 목숨을 보전하게 될 것이오. 그러니 차라리 복이라고나 할까?"

이웃 사람들은 노인이 또 제멋대로 지껄이는 것이라고 여겼다. 자식이 다리가 부러진 것이 어떻게 복이라는 말인지 사람들은 도저히 이해할 수 없었다.

얼마 후 흉노의 대군이 침략해 왔다. 마을 젊은이들은 모두 징집되어 군대에 끌려갔다. 하지만 노인의 아들은 다리가 부러졌기 때문에 징집을 면할 수 있었다. 징집되어 군대에 끌려간 젊은이들은 모두 전사하고 말았다. 마을의 젊은이 가운데서 노인의 아들만이 목숨을 보전할 수 있었다.

14. 은덕으로 원한을 갚아라

크든 작든 많든 적든 은덕으로 원한을 갚는다.

大小多少대소다소, 報怨以德보원이덕.

「도덕경」 제63장

풀이

德덕 은덕. **怨**원 원한.

해설

인간세상에서는 사람들의 이해관계가 서로 맞부딪치기 때문에 은혜는 은혜로 갚고 원한은 원한으로 갚는 것이 일반적이다. 하지만 세상을 살아가면서 원한은 크든 작든 많든 적든 모두 은덕으로 되갚을 수 있다. 은덕으로 원한을 갚는다는 것은 남이 내게 준 원한에 대해 은덕을 베풀어 되갚는 것이다. 노자의 이 말은 최고의 선을 행하는 덕행이다.

은혜를 갚는 데는 세 가지 태도가 있다. 첫째, 원한으로 은덕을 갚는 것이다. 이는 소인배들이 하는 짓이다. 둘째, 은덕으로 은덕을 갚는 것이다. 이는 일반인들이 행할 수 있는 것이다. 이런 태도는 비록 원한으로 은덕을 갚는 것보다는 고상하지만, 충분히 너그러운 것은 아니다. 셋째, 은덕으로 원한을 갚는 것이다. 바로 노자가 주장한 방법이다.

노자는 원한으로 은덕을 갚는 것에 반대했다. 지나간 미움을 떨쳐내고, 자신을 극복하고, 남에게 양보하여, 은덕으로 원한을 갚는 것은 예로부터 인간관계를 풀어냄에 있어서 흔히 사용된 훌륭한 방법이다. 역사를 돌아보면, 당나라 때에 곽자의郭子儀가 어조은魚朝恩에 대한 원한을 은덕으로 갚은 것은 하나의 전형적 사례다.

원한은 풀어야지 맺어서는 아니 된다. 친구가 한 명 늘어나면 세상을 살아가는 길이 하나 늘어나고, 원수를 한 명 줄이면 서로를 가로막은 담장 하나가 줄어드는 법이다. 은덕으로 원한을 갚음으로써 원한을 우애로 돌려놓아 대립을 줄이고 세상 사람들과 널리 어울린다면, 성공에 이르는 너른 인생길을 열 수 있다. 그러면 유쾌한 마음으로 살아갈 수 있지 않겠는가?

예화

곽자의가 어조은에 대한 원한을 은덕으로 되갚다

당나라의 곽자의郭子儀는 무과에 급제해 중서령中書令을 지내고 분양군왕汾陽郡王에 봉해진 인물이다.

당나라는 안사安史의 난 이후로 환관宦官들의 전횡이 갈수록 심해졌다. 대종代宗이 즉위하자, 환관 이보국李輔國은 자신의 공을 내세우며 안하무인으로 행동했다. 심지어 그는 대종에게 이렇게 말했다.

"폐하께서는 궁중에 가만히 계시기만 하면 됩니다. 바깥일은 모두 제가 알아서 처리하겠습니다."

대종은 이보국을 제거하려 했지만 그를 내놓고 죽일 수가 없었기에 결국 야밤에 자객을 보내 척살했다. 이보국을 제거한 대종은 환관 정지진程之振과 어조은魚朝恩을 총애했다. 황제의 신임을 얻자 정지진은 정직한 조정 대신과 장수들을 헐뜯어 제거하고, 어조은은 조정의 군권軍權을 제멋대로 주물렀다.

안록산安祿山이 반란을 일으키자 곽자의는 반군을 토벌하고 잃어버린 땅을 수복하는 데 큰 공을 세웠다. 어조은은 곽자의의 공적을 무척 시샘했다. 그는 숙종肅宗에게 여러 차례 곽자의를 헐뜯었고, 마침내 곽자의는 도성에 억류되어 다시 전선으로 나가지 못하는 처지가 되었다.

당나라는 개국 이래로 변방을 확장하는 일을 진행해 왔다. 그런데 안사의 난이 일어나자 반란을 평정하기 위해 변방의 정예병들을 잇달아 내지로 옮겼기 때문에 변방의 요새에는 늙고 약한 군사들만이 남아 있었다. 763년 7월, 토번吐蕃의 당항黨項 부족이 이런 허점을 틈타 대대적으로 침략해 왔다. 변방에서 위급한 상황을 전하자 조정은 온통 들끓었다. 대종은 옹왕雍王 이적李適을 원수로 삼고 곽자의를 부원수로 삼아 토번에 맞서게 하였다. 하지만 토번의 군사는 이미 도성 장안長安을 위협했고, 다급해진 대종은 서둘러 섬주陝州로 피신했다. 토번의 군사는 장안으로 밀려들어 불을 지르고 약탈을 일삼았다.

한편, 곽자의는 상주商州에서 4천 명의 군사를 모아놓고 결사항전을 호소한 다음 장안으로 진격했다. 당나라 군사의 갑작스런 반격에 토번의 군사들은 놀라 달아났다.

곽자의는 장안 수복에 혁혁한 공을 세웠지만 이는 어조은의 시샘을 더욱 자극했다. 어조은은 대종 앞에서 곽자의는 군사적 권력이 지나치게 크다는 둥, 조심하지 않으면 안 될 사람이라는 둥 하고 헐뜯어 곽자의를 자꾸 벼랑으로 내몰았다. 하지만 당시는 비상시국으로 곽자의 말고는 달리 난리를 평정할 만한 인물이 없었다. 대종도 어조은의 말을 곧이곧대로 믿지는 않았다. 어조은은 자신의 계략이 먹혀들지 않자 달리 곽자의를 찍어낼 뾰족한 방도가 없었다.

767년, 토번은 다시 수만 명의 병력으로 영주靈州를 포위했다. 이번에도 곽자의가 토번의 군사를 대파하고 영주를 구했다. 곽자의는 명성이 더욱 높아졌다. 어조은은 곽자의를 해치려는 시도는 번번이 빗나가고 곽자의의 공은 오히려 높아지자 분노를 삭이지 못했다. 어조은은 몰래 곽자의 부친의 무덤을 파헤쳤다. 예전에는 이런 짓은 살인보다도 더 흉악한 짓으로, 당사자는 서로 불구대천의 원수가 될 수밖에 없는 패악한 짓이었다. 이 무렵에 곽자의가 군사를 이끌고 장안으로 개선했다. 누군가 곽자의에게 어조은이 무덤을 파헤친 사실을 일러주었다.

당시 당나라는 내란과 외침이 잇달고 자연재해까지 겹쳐 백성들의 생활이 말이 아니었다. 토번 군사를 물리쳐 조정 안팎이 한숨 돌리는가 싶더니 생각지 못한 일촉즉발의 위기가 초래된 것이었다. 한쪽에는 불구대천의 원수를 갚으려는 곽자의가 많은 병력을 거느리고 있었고, 다른 한쪽에는 온갖 악행을 일삼는 어조은이 황제를 끼고 도성을 장악하고 있었다. 충돌이 빚어지면 오랜 역사를 지닌 장안성과 성안의 백성들은 엄청난 재난을 겪게 될 것이었고, 양측의 충돌로 모두가 상처를 입게 된다면 토번이 다시 쳐들어올 것은 너무도 자명했다.

곽자의는 고심을 거듭한 끝에 조정의 군대로 개인의 원한을 갚는 일은 하지 않기로 마음먹었다. 부친의 무덤을 파헤친 원한을 참고 견디기로 결심한 것이다. 곽자의가 조정에 들어서자 대종은 그를 위로했다. 어조은도 자기 잘못을 씻고자 파헤친 무덤을 복구하기로 곽자의와 약속했다. 그런데 누군가 곽자의에게 이렇게 말했다.

"어조은이 이번 기회에 장군을 제거하려고 합니다. 제가 수하의 군사들을 데리고 가서 보호하겠습니다."

하지만 곽자의는 이 제의를 거절했다. 그는 자기 집안의 노복 십여 명을 데리고 무덤으로 갔다. 어조은은 곽자의를 보더니 당황했다.

"어째서 노복 몇 사람만 데리고 오셨습니까?"

옆에 있던 사람이 곽자의가 보호 제의를 거절한 경위를 어조은에게 일러주었다. 그러자 어조은은 참회의 눈물을 흘렸다. 곽자의는 어조은이 부친의 무덤을 파헤친 사실을 알면서도, 개인적 원한 때문에 무고한 사람들이 다치는 것을 원치 않았다.

곽자의는 향년 84세로 세상을 떠났다. 그 후 덕종德宗이 즉위하여 그를 상부尙父로 추존했다. 아마도 곽자의가 선을 행했기 때문에 선한 보답이 따른 것이리라.

15.
환난은 미연에 방지하라

국면이 안정되었을 때는 쉽게 유지되고, 일이 변할 조짐이 없을 때는 쉽게 계획을 세운다.

사물이 연약할 때는 쉽게 부서지고, 사물이 미세할 때는 쉽게 흩어진다.

문제의 처리는 문제가 생기기 전에 하고, 동란의 다스림은 동란이 생기기 전에 한다.

其安易持기안이지, 其未兆易謀기미조이모.
其脆易泮기취이반, 其微易散기미이산.
爲之于未有위지우미유, 治之于未亂치지우미란.

「도덕경」 제64장

풀이

持지 유지함, 장악함.
兆조 징조, 조짐, 전조.
泮반 흩어짐, 나뉨.

해설

사물은 연약할 때는 쉽게 부서지고, 미세할 때는 쉽게 흩어지는 법이다. 따라서 나쁜 일은 생기기 전에 미리 막아야 하고, 나라는 어지러워지기 전에 미리 다스려야 한다. 쉬운 것에서 어려운 것을 도모해야 하는 것이다.

사물은 언제나 대립적 방향으로 전화된다. 있던 것에서 없어지고, 다스려지던 것에서 어지러워진다. 노자는 이런 인식에서 출발하여 비가 내리기 전에 지붕을 보수하고, 조짐에서 막아 자라는 것을 막고, 미연에 환난을 방지하라고 하였다. 편안할 적에 위태로움을 잊지 말고, 있을 때에 없어질 것을 잊지 말고, 다스려질 적에 어지러워지는 것을 잊지 말라는 것이다.

어려운 곳에서 착안하고, 쉬운 것에서 착수하며, 때에 맞게 손을 움직여 "문제가 생기기 전에 처리하고, 동란이 생기기 전에 다스려야 한다." 그러면 문제는 쉽게 해결될 수 있다. 하지만 일이 발생하고 위급해진 다음에 해결하려 한다면 해결하기가 쉽지 않다. 중국 역사에서 유명한 정치가인 가의賈誼가 남긴 「논적저소論積貯疏」, 「치안책治安策」, 「과진론過秦論」 등은 편안할 적에 위태로움을 생각하라는 노자의 우환의식憂患意識을 잘 보여주는 글이다.

노자의 이 말에 담긴 정신은 오늘날에도 중요한 의미를 갖는다. 노자가 주장한 우환의식은 조짐을 보고서 결과를 미리 헤아리는 밑거름이 된다.

예화

가의가 개혁 정책을 제안하여 서한의 기틀을 다지다

가의賈誼는 서한西漢 초기의 유명한 정치가이자 문장가다. 그는 하남河南 낙양洛陽 출신으로, 10대의 나이에 유가의 경전을 두루 공부하고 문장에도 뛰어나 주변 사람들의 칭송을 받았는데, 사람들은 그를 '낙양 젊은이' 또는 '가생賈生'으로 불렀다.

당시 하남의 행정장관 오공吳公은 좋은 평판을 듣던 가의를 불러들여 자신의 곁에 두고 여러 가지 문제를 의논했다. 훗날 오공은 조정의 정위廷尉로 임명되자 가의를 도성 장안長安으로 데리고 갔다. 오공은 가의를 문제文帝에게 추천하였고, 가의는 박사博士에 임명되었다. 당시 박사라는 직책은 각종 예법을 제정하고 법도를 논의하는 자리였는데, 유가 경전의 가르침에 따라 조정의 정사를 논의할 수도 있었다. 가의는 박사에 임명됨으로써 자신의 포부를 펼칠 기회를 가지게 되었다.

문제 유항劉恒은 한나라를 세운 고조高祖 유방劉邦의 아들로, 진평陳平과 주발周勃이 주동이 되어 여태후呂太后를 제거하는 과정에서 황제의 자리에 오른 인물이다. 문제는 중국의 역사에 있어서 경제景帝와 더불어 뛰어난 치적을 남긴 군주로 평가된다. 문제는 22년 동안 집권하면서 가혹한 형벌을 폐지하여 백성들이 편안히 살 수 있게 하였고, 검약을 제창하고 생산을 장려해 사회의 안정과 번영을 이루었다. 역사가들은 문제와 경제가 통치하던 시기를 일러 흔히 '문경文景의 치세'라고 일컫는다. 하지만 '문경의 치세'가 보여준 안정되고 번영된 모습 이면에는 갖가지 사회적 갈등과 위기가 잠복하고 있었다.

서한 초기에는 고조가 진秦나라의 멸망을 거울삼아 토호土豪와 지주들이 백성을 수탈하는 것을 억제함으로써 백성들의 생활이 얼마쯤 개선되었다. 하지만 왕조가 안정되면서 일부 호족들이 권세를 이용해 토지 소유를 늘리고 수탈을 강화함으로써 많은 백성들이 다시 고향을 등지고 유랑하게 되었고, 사회 계층 간의 갈등이 심각한 문제로 부상하게 되었다. 중앙 정권과 제후왕諸侯王 사이에도 갈등이 빚어졌다. 서한 초기에 고조는 권력 기반을 튼튼히 하고자 아들과 조카들을 제후왕으로 삼았다. 그런데 이들은 자기 영지에서 세금을 거두고 관리를 임면하는 권한을 가진 독립국가의 성격을 띠면서 중앙 정권을 위협하게 되었다. 또 한 가지 해결되기 어려운 문제는 서한 왕조와 북방 흉노匈奴와의 갈등이었다. 흉노는 중국 북방에 있던 유목 민족으로, 진나라 말기와 한나라 초기에 세력이 강해져 한나라의 변방을 끊임없이 어지럽혔다. 이는 북방 백성들의 농업 생산과 생활에 중대한 위협이 되었다.

가의는 박사에 처음 임용되었을 당시에 이제 스무 살을 갓 넘긴 나이였다. 머리가 희끗희끗한 많은 박사들은 하나같이 가의를 무시했다. 하지만 얼마 지나지 않아서부터 가의는 두각을 나타내기 시작했다. 문제는 재주가 뛰어난 가의를 무척 아꼈고, 가의는 일 년도 되지 않아 태중대부太中大夫에 오르게 되었다. 태중대부는 국가의 중요한 일을 논의하는 직책이었다. 가의는 드디어 국정에 깊이 간여하게 된 것이었다. 이 무렵에 가의는 문제에게 많은 정책을 건의했는데, 유명한 「논적저소」라는 글도 바로 이 무렵에 지어진 것이다.

가의는 「논적저소」에서 나라를 굳건히 하려면 먼저 백성들의 생활 문제를 해결해 민심을 안정시켜야 한다고 주장했다.

"곳간에 양식이 가득해야만 사람들은 예절을 따지게 되고, 의식이 족해야만 부끄러움을 압니다. 만약 백성들이 입고 먹는 문제를 해결하지 못하는데도 그들을 잘 다스리려 한다면, 이는 소용없는 일입니다. 한나라가 건국된 지도 어언 30년이 넘었지만 여전히 가난합니다. 만약 자연재해가 일어난다면 조정에서 어떻게 재난을 입은 백성들을 구제하겠습니까? 전쟁이 벌어진다면 조정에서는 어떻게 수십만 명의 군사를 조달하겠습니까? 자연재해와 전쟁이 동시에 발발한다면, 세상은 크게 어지러워질 것입니다. 어떤 사람들은 그런 기회를 틈타 나쁜 짓을 벌일 것입니다. 그런 상황이 닥치고 나서야 대책을 마련한다면 무슨 소용이 있겠습니까?"

가의는 이와 같은 위기를 극복하려면 상업을 억제하고 농사에 힘쓰게 하여 생산하는 사람을 늘리고, 검소한 풍조를 제창하여 소비하는 사람은 줄여서, 빨리 나라를 부강하게 만들어야 한다고 주장했다. 문제는 가의의 주장이 타당성이 있다고 판단하고 이를 받아들였다. 문제는 농업을 제창하고, 아울러 농업의 생산성을 높일 수 있는 여러 조치들을 내놓았다. 이리하여 서한 왕조는 차츰 부강해지게 되었다.

가의는 태중대부를 맡은 2년 동안 탁월한 정치적 수완을 내보였다. 농업을 장려하고 상업을 억제하는 정책과 검소함을 제창한 정책은 좋은 결실을 맺었다. 그는 또 정치제도와 정책, 법령, 예법, 음악, 역법 등에 대해서도 깊이 연구해 많은 혁신적 의견을 내놓았다. 하지만 가의의 혁신적 의견은 일부 귀족 관료들의 반대로 실현되지 못했다. 오히려 반대파들의 모함을 받아 가의는 조정에서 밀려나 장사왕長沙王 오산吳產의 태부로 좌천되고 말았다.

당시 장사는 도성에서 멀리 떨어진 외진 고장이었다. 장사왕 오산은 황족인 유씨劉氏가 아닌 유일한 이성異姓의 제후왕으로, 관할 지역이 좁고 권력도 약한 인물이었다. 가의가 이런 곳으로 밀려났다는 것은 엄청난 정치적 타격이었다.

기원전 173년, 문제는 가의를 다시 장안으로 불러들였다. 문제는 미앙궁未央宮의 선실宣室에서 가의와 밤늦도록 이야기를 나누었다. 미앙궁은 당시 문제가 거주하던 황궁으로, 선실은 미앙궁의 정실正室이었다. 그런데 안타깝게도 당시 문제가 가의와 나눈 대화는 나라를 다스리는 문제가 아니라 귀신에 대한 이야기였다.

얼마 후 문제는 가의를 양국梁國으로 보내 양왕梁王 유승劉勝의 스승으로 삼았다. 양국은 지금의 하남성 상구商丘에 있던 제후국이다. 가의가 양국으로 떠난 이후에도 문제는 중요한 문제에 대해서는 가의에게 자문을 구했고, 가의 역시 수시로 상소를 올려 자신의 견해를 피력했다. 유명한 「치안책治安策」은 이 무렵에 기술된 것이다. 가의는 「치안책」에서 문제에게 이렇게 건의했다.

"지금 염려스러운 일은 한둘이 아닙니다. 제후들은 친소親疎에 상관없이 강한 자가 먼저 반기를 드는 법입니다. 나라를 오랫동안 평안하게 다스리려면 제후들의 힘을 약화시켜야 합니다. 하지만 지금 제후들의 힘은 다스리기 어렵고, 흉노는 끊임없이 침입하고, 인재는 모자랍니다. 또 사치스러움은 도를 넘었고, 존비尊卑의 질서는 어지러우며, 예의는 진작되지 않아 염치를 알지 못합니다. 백성과 원수가 되면 결국 백성들이 이기는 법입니다."

가의는 원대한 안목을 갖춘 정치가였다. 그는 제후와 흉노의 문제를 제기하고, 아울러 그 해법을 제시했는데, 이는 문제와 경제가 제후들에 대한 근심을 깨끗이 씻어버리는 데에 크게 기여했다.

기원전 169년, 양왕 유승이 문제를 알현하려 장안으로 가다가 말에서 떨어져 죽는 일이 벌어졌다. 가의는 소식을 듣고 자신이 소임을 다하지 못했기 때문이라고 몹시 자책했다. 이 때문에 그는 우울증이 생겼고, 결국 이듬해에 세상을 뜨고 말았다. 당시 가의는 겨우 32세였다.

가의는 짧은 생을 살았기에, 정치에 참여한 기간도 짧았다. 하지만 그의 평생의 활동, 우환의식, 문장은 서한의 기틀을 튼튼하게 만들었고, 서한의 발전에 기여하였다. 뿐만 아니라 「논적저소」, 「치안책」, 「과신론」 등에서 백성을 사랑하고 민심에 순응해야만 백성들의 지지를 얻을 수 있다고 피력한 민본사상은 당시에는 물론 후세에도 큰 영향을 미쳤다.

16.
천리 길도 한 걸음부터 시작된다

아름드리 큰 나무도 작은 묘목에서부터 성장하고,
아홉 층 높은 누대도 한 무더기 진흙에서 시작되며,
천리 길도 한 걸음부터 시작된다.

合抱之木합포지목, 生於毫末생어호말;
九層之臺구층지대, 起於累土기어루토;
千里之行천리지행, 始於足下시어족하.

「도덕경」 제64장

풀이

毫末 호말 작은 싹. **累土** 누토 한 광주리의 흙.

해설

이는 "어려운 일을 처리하려면 쉬운 것에서부터 시작하고, 큰일을 하려면 작은 것에서부터 시작해야 한다. 세상의 어려운 일은 반드시 쉬운 일에서 시작되고, 세상의 큰일은 반드시 작은 일부터 시작된다."(『도덕경』 제63장)는 노자의 언급에서 한 걸음 나아간 것이다.

사물의 변화는 양적 변화를 통해 질적 변화를 이룩해 가는 과정이다. 사물은 언제나 작은 것에서부터 크게 변화하고, 한 걸음씩 나아가 이루어지는 것이지 단걸음에 이루어지지는 않는다. 따라서 모든 일은 차근차근 해 나가야 하는 법이다. 어려움을 해결하는 것도 쉬운 것부터 시작해야 하며, 큰일을 하려면 반드시 작은 일부터 착수해야 한다. 예로부터 내려오는 어리석은 노인이 산을 옮겼다는 '우공이산愚公移山'의 이야기는 이런 이치를 일깨워주는 좋은 사례이다.

원대한 일을 이룩하고 큰 그릇이 되고 싶다면, 반드시 현재에서 시작하고 또 작은 일부터 시작해야 한다. 작은 일을 우습게 여기면 결코 큰일을 해낼 수 없다.

예화

어리석은 노인이 산을 옮기다

아득한 옛날에 우공愚公이라는 인물이 있었다. 그의 집은 태항산太行山과 왕옥산王屋山이라는 두 산이 앞을 가로막고 있어서 식구들이 집을 드나들 적마다 멀리 돌아서 다녀야만 했다.

하루는 가족들이 모여 밥을 먹던 중 우공이 돌연 가족들에게 한 가지 제안을 내놓았다.

"우리가 큰길로 바로 드나들 수 있도록 힘을 모아 문 앞을 가로막고 있는 저 산을 옮기는 것이 어떻겠느냐?"

아들과 손자는 모두 고개를 끄덕였다.

"좋아요! 좋아요!"

하지만 우공의 아내는 고개를 가로저었다.

"그건 불가능해요. 당신은 흙더미 하나 옮길 힘도 없으면서 어떻게 큰 산을 옮기겠다는 거예요? 설령 옮긴대도 파낸 흙과 돌멩이는 어디에 버리겠어요?"

우공과 자녀들은 이 말에 소리 내어 웃었다.

"그거야 무슨 문제가 되겠소? 바다에 내다 버리면 되는걸!"

이튿날부터 우공은 아들, 손자와 함께 망태기를 메고 삽으로 산을 파내기 시작했다. 우공의 이웃에 사는 경성씨京城氏와 그의 어린 아들도 기꺼이 나서 우공의 가족을 도왔다. 이때 지수

智叟라는 노인이 이를 보더니 비웃었다.

"우공! 당신은 너무도 어리석구려. 늙은이가 저 산을 옮기겠다고? 죽는 날까지 산을 파낸대도 산을 옮기기란 불가능하지."

우공은 지수의 말에 웃었다.

"당신이야말로 정말로 어리석소. 나는 비록 늙었지만 내겐 아들이 있소. 대를 이어가며 옮길 수 있소. 아들이 손자를 낳고, 손자가 또 아들을 낳으면, 대대손손 옮길 수 있지 않겠소? 산은 한 층을 깎아내면 한 층이 줄어들게 되는 법이오. 그러면 언젠가는 저 두 산을 모두 옮기는 날이 오지 않겠소? 이 세상에 극복하지 못할 어려움이 무엇이 있겠소?"

지수는 아무런 대꾸도 못하고 슬그머니 자리를 피했다.

그 후 산신山神과 해신海神이 우공이 산을 옮긴다는 사실을 알게 되었다. 산신과 해신은 우공 일가가 기어코 산을 옮기고 말리라는 것을 알고, 이런 사실을 천신天神에게 보고했다. 보고를 들은 천신은 이렇게 말했다.

"흠! 우공은 정녕 흔들리지 않는 마음을 지닌 인물이로다. 내가 그를 도와주어야겠다."

천신은 신선 두 명을 보내 왕옥산과 태항산을 하나씩 등에 지어 먼 곳에 옮겨놓게 하였다. 이리하여 우공의 집 앞을 가로막고 있던 두 산은 모두 사라지게 되었다.

17.
마무리를 처음처럼 신중히 하라

사람들은 일을 함에 있어서 항상 중도에 그만두기 때문에 실패하고 만다.

처음부터 끝까지 조심스럽게 해 나간다면 실패하지 않을 것이다.

民之從事민지종사, 常於幾成而敗之상어기성이패지.
愼終如始신종여시, 則無敗事즉무패사.

「도덕경」 제64장

풀이

幾 기 가까움. 별 차이가 없음을 가리킴.

해설

사물은 작은 것에서 시작해 크게 발전하는 법이다. 사람은 지위가 낮으면 조심스럽고 신중하게 행동하기 때문에 자만할 이유가 없다. 그러나 작은 것이 쌓여서 커지거나 지위가 높아지면, 쉽게 자만하게 되어 일을 그르치게 된다. 이른바 "사람들은 일을 함에 있어서 항상 중도에 그만두기 때문에 실패하고 만다."는 이치인 것이다. 중국 역사를 살펴보면, 명나라 말기에 이자성李自成이 일으킨 대규모 농민봉기는 그 두드러진 사례다.

노자는 항상 겸손할 것을 일깨워준다. 지위가 높아지더라도 자신을 낮추고 신중하라고 당부한다. 그러면 불패不敗의 자리에 설 수 있다. 이른바 "처음부터 끝까지 조심스럽게 해 나간다면 실패하지 않을 것이다."는 이치다.

무위無爲에서 시작해 무위에서 끝낸다면, 세상에 이루지 못할 일은 없다.

예화

이자성이 농민봉기군을 이끌어 새 세상을 만들려 하다

이자성李自成은 명明나라 말기의 인물로 섬서陝西 미지米脂 출신이다. 어린 시절 그는 벼슬아치의 집에서 목동으로 일하면서 온갖 수모와 고통을 맛보며 자랐다.

21세의 나이에 은천銀川의 역졸驛卒이 된 그는 1629년에 동료들과 함께 왕가윤王嘉胤이 일으킨 봉기군에 들어가게 되었다. 이후 '틈왕闖王' 고영상高迎祥의 수하가 되어 용맹을 떨쳐 '틈장闖將'이라는 별명을 얻게 되었고, 직접 부대 하나를 이끌게 되었다.

명나라 조정은 농민봉기군의 날카로운 칼날이 자신의 목덜미를 겨누는 것 같은 위기감을 느끼고 급히 농민봉기를 진압하고자 하였다. 1634년, 홍승도洪承濤를 병부상서로 삼아 섬서, 산서山西, 하남河南, 사천四川, 호광湖廣의 관군을 통합 지휘하게 하였다. 1635년, 홍승도는 기세등등하게 섬서 지방을 빠져나와 호남湖南 지방으로 내려갔다. 그는 남북 지방의 병력을 합친 7만2천 명의 대군과 은 백만 냥의 가치를 넘는 군수물자를 밑천으로 농민봉기군을 6개월 이내에 소탕할 작정이었다.

한편, 홍승도의 관군에 맞서기 위해 13가家 72영營의 농민군 지휘관들은 하남의 형양滎陽에 집결해 전략을 논의했다. 이자성은 고영상의 부관 자격으로 이 회의에 참석했다. 회의 석상에서 마수응馬守應은 북쪽으로 황하를 건너 산서 지방으로 퇴각할 것을 주장했고, 장헌충張獻忠은 그것은 비겁한 행동이라며 맞서 싸울 것을 고집했다. 쌍방은 자기 주장을 내세우며 조금도 물러서지 않았다. 양측의 주장이 팽팽하게 맞서고 있을 때, 이자성이 입을 열었다.

"우리 병력은 관군보다 몇 배나 많습니다. 관군은 산해관山海關에 있는 병력을 옮겨오더라도 승리를 장담하지 못할 것입니다. 지금 가장 중요한 것은 우리가 일치단결하고 역할을 분담해 적과 맞서는 것입니다."

지휘관들은 군사를 나누어 관군에 맞서자는 이자성의 전략에 동의했다. 농민군의 지휘관들은 제비뽑기로 각 부대의 전투 임무를 결정했다. 농민군의 고영상, 이자성, 장헌충은 수만 명의 대군을 이끌고 고시, 곽구, 수주, 영주를 순식간에 격파하고 내친김에 봉양鳳陽마저 함락했다. 봉양을 내주었다는 소식이 도성에 전해지자 조정은 일대 혼란에 빠졌다. 숭정제崇禎帝는 침식도 제대로 하지 못하고 종묘로 달려가 눈물을 흘리며 선왕의 영전에 이런 사실을 고했다. 아울러 지방 관리들을 엄중하게 문책하고 조정의 인사개혁을 단행한 다음, 농민봉기를 진압하러 나섰다. 농민군과 관군 사이에는 다시 격전이 벌어졌다.

여러 해에 걸친 전투경험을 통해 조정에서는 봉기군 가운데 틈왕 고영상이 가장 세력이 강력하다는 사실을 파악하고 있었다. 이에 조정에서는 고영상의 소탕에 전력을 기울이라는 명령을 내렸다. 1638년, 주질盩厔 전투에서 고영상은 마침내 섬서순무 손전정孫傳庭의 매복군에게 희생되고 말았다. 총지휘관인 고영상이 희생되었다는 소식은 농민봉기군에게는 엄청난 충격이자 손실이었다.

한편 고영상이 희생될 무렵, 이자성은 휘주徽州와 방주防州 일대에서 싸움을 벌이고 있었다. 휘주와 방주는 지금의 감숙성 일대다. 당시 농민군은 고영상이 희생되었다는 소식에 모두 비통함을 금치 못했다. 고영상 휘하의 농민군 두령들은 이자성을 추대해 '틈왕'의 칭호를 물려받게 하였다. 이리하여 이자성은 부대를 총지휘하게 되었다. 그는 위남渭南 일대에서 전투를 수행하는 한편 사천 북부의 여러 고을을 점령하면서 성도成都를 압박해 들어갔다. 하지만 이자성은 불행히도 같은 해 봄에 재동梓潼에서 홍승도의 복병에게 습격을 받아 중상을 입었고, 그가 이끌던 군사들도 겨우 수천 명만이 목숨을 건졌다. 이후 한동안은 섬서, 사천, 호북의 접경 지역에서 전투가 전개되었는데, 이자성의 농민군은 시종 열세를 면치 못했다.

이자성이 수세에 몰리면서 성난 파도 같던 농민군의 기세는 크게 꺾이고 말았다. 하지만 혁명의 불씨는 살아 있었다. 고요한 수면 아래 사나운 폭풍은 여전히 요동치고 있었던 것이다.

1639년, 장헌충은 곡성谷城에서 재봉기를 선언했다. 장헌충이 봉기의 기치를 다시 올리자 각지에서 열렬히 이에 호응했다. 본래 관군에게 회유되어 투항한 농민군도 다시 봉기했다. 장헌충의 곡성 재봉기는 조정의 초무招撫 정책이 실패했다는 것을 의미하는 것이었다. 근심과 분노에 휩싸인 숭정제는 농민군을 초무할 것을 주장한 웅문찬熊文燦을 죽이고, 양사창楊嗣昌에게 10만 명의 군사를 주어 장헌충을 소탕하게 하였다. 장헌충은 양사창의 주력군을 피하면서 유격전술을 펼쳐 관군의 공격을 무력화시켰다.

1640년, 관군의 주력부대가 장헌충을 추격해 사천 지방으로 들어가자 하남 지방이 텅 비게 되었다. 이자성은 이 틈에 정양鄖陽에서 출발해 홍안, 상락, 의양을 차례로 격파하고 하남으로 들어갔다. 당시 하남 지방은 가뭄과 병충해가 잇달고 전염병이 창궐해 황폐하기 그지없었다. 배고픈 백성들은 아버지가 자식을 잡아먹고, 남편이 아내를 잡아먹는 참상을 빚기도 하였다. 이런 상황에서 이자성이 하남으로 들어가자 굶주림에 지친 수만 명의 백성들은 봉기군에 투신했고, 봉기군의 사기는 크게 높아졌다. 봉기군은 먼저 영정과 언사를 점령하고, 이어서 낙양으로 진격했다. 낙양은 역사적으로 이름난 고도古都로, 군사적으로나 정치적으로 매우 중요한 곳이었다. 1641년 1월 20일, 농민봉기군이 낙양에 대대적인 공격을 퍼붓자 성안에 있던 관군들이 호응해 '틈왕'의 깃발을 성 위에 꽂았다.

군사적 승리를 거듭한 이자성은 다른 한편으로 정치선전을 강화했다. 그는 토지 독점이 심각한 상황에 이르고, 지나치게 무거운 부역賦役 때문에 백성들의 생활이 고달픈 현실에 대해 '토지의 균등 분배'라는 명확한 기치를 내걸었는데, 이는 많은 농민들의 뜨거운 호응을 받았다. 이자성이 가는 곳이면 어디서나 소와 양을 잡고 술을 마련하고, 성문을 열어 맞이했다.

낙양을 점령한 이자성은 병력이 이미 백만 명을 넘어서 있었다. 농민봉기군의 세력은 더욱 강대해졌고, 이제 주도적으로 작전을 펼칠 수 있게 되었다. 농민봉기군은 관군의 주력부대에 대해 대규모 섬멸 작전을 펼침으로써 봉기의 분위기를 한층 고조시켰다. 농민봉기군은 개봉開封을 세 차례나 포위하였는가 하면, 항성, 양성, 주선진, 겹현, 여녕 등지에서 대규모 전투를 치르면서 토벌군의 주력부대를 거의 궤멸시켰다. 토벌군은 부득이 방어에 초점을 맞추는 전략으로 돌아설 수밖에 없었고, '틈왕'의 기치는 더욱 선명해졌다.

이자성의 농민봉기군은 하남에서 토벌군을 시원하게 격파한 다음 남쪽으로 내려가 호북 지방의 중진인 양번 일대를 수중에 넣었다. 그런 다음에는 다시 빠른 속도로 남쪽의 예주와 상덕, 북쪽의 황하 일대, 동쪽의 마성과 황주, 서쪽의 광화와 균주를 수중에 넣음으로써 넓은 지반을 차지했다. 이제 농민정권을 세울 수 있는 기틀이 마련된 셈이었다.

1643년, 이자성은 양양襄陽을 양경襄京으로 이름을 바꾸고, '신순新順' 정권을 세우고, 자신을 '신순왕新順王'이라고 일컬었다. '신순'을 세운 이자성은 북경으로 진격해 부패한 명나라 왕조를 뒤엎을 생각이었다. 그는 수하들의 건의에 따라 먼저 관중關中을 점령해 본거지로 삼은 다음에 산서 지방을 거쳐 북경으로 들어갈 전략을 세웠다.

같은 해 9월, 이자성은 하남의 여주에서 손전정의 부대를 섬멸하고, 동관을 거쳐 서안西安으로 진격해 순식간에 섬서 전역을 수중에 넣었다. 1644년, 이자성은 서안을 장안長安으로 이름을 바꾼 다음 서경西京으로 삼고, '대순大順'이라는 나라를 세웠다. 연호는 영창永昌으로 정했다. 아울러 중앙정부의 각종 기구를 구성함으로써 대순농민정권을 정식으로 수립했다.

같은 해 2월, 이자성은 직접 백만 명의 대군을 거느리고 황하를 건넜다. 그는 먼저 태원太原을 점령하고, 군사를 두 갈래로 나누어 북경으로 진격했다. 한 갈래는 유종민劉宗敏이 통솔해 고관, 진정, 보정을 거쳐 북상했고, 다른 한 갈래는 이자성이 통솔해 대동, 선화를 거쳐 거용관으로 들어갔다. 3월 17일, 두 갈래로 진격한 대군은 북경에서 합류해 북경성을 포위했다. 명나라 조정은 당황했고, 숭정제와 조정 대신들은 전전긍긍했다. 3월 18일 저녁, 농민봉기군은 마침내 북경성의 외성을 수중에 넣었다.

외성이 함락되었다는 소식이 전해졌을 때, 숭정제는 마침 주황후周皇后, 원귀비袁貴妃와 함께 건청궁乾淸宮에서 저녁 연회를 벌이고 있었다. 숭정제는 비보를 전해 듣자 몇몇 비빈과 장녀 곤의 공주坤儀公主, 어린 소인 공주昭仁公主를 직접 죽이고, 황후에게는 목을 매라고 명령했다. 그리고 자신은 태감 왕승은王承恩과 함께 자금성紫禁城의 현무문玄武門을 빠져나가 만세산萬歲山으로 달아났다. 만세산은 '매산煤山'이라고도 불렸는데, 지금의 경산景山이다. 숭정제는 머리를 풀어헤치고 동쪽에 있는 회나무에 목을 매 자결했다. 왕승은도 그 옆에서 함께 목을 맸다.

3월 19일, 대순의 군사는 마침내 북경을 함락했다. 농민군의 총지휘관인 이자성은 기병 수백 명의 호위를 받으며 덕승문德勝門을 통해 성으로 들어섰다. 3백년 가까이 중국을 통치한 명나라는 마침내 농민봉기군에 의해 무너지고 만 것이다. 그런데 농민군의 일부 장수들이 승리에 도취된 나머지 심각한 자만에 빠지고 말았다. 이제 명나라를 무너뜨렸으니 천하는 태평해졌다고 여긴 것이다. 그들은 강남 지방에 주둔하고 있던 명나라의 잔존세력을 방어하는 데에만 소수의 병력을 보냈을 뿐이었다. 뿐만 아니라 산해관山海關에 주둔하고 있던 오삼계吳三桂에 대해서는 일종의 환상을 품고 있었다. 그들은 이미 투항한 오삼계 부친의 편시와 금은비단 및 작위를 들고 가서 회유하면 오삼계는 스스로 산해관의 빗장을 풀 것이라고 판단했다. 더욱이 심각한 문제는 일부 장수들이 향락에 빠져 화려한 저택에서 술과 여색에 탐닉했다는 점이다. 군대의 기강도 자연 해이해지더니 백성들에게 해를 끼치는 일이 생겨났다. 대순의 지도자들이 이처럼 눈앞의 승리에 도취되어 있을 무렵, 산해관에 둥지를 틀고 있던 오삼계는 은밀하게 만주족滿洲族의 귀족들과 결탁해 반격을 꾸미고 있었다.

이자성은 오삼계가 대순의 투항 권유를 거부한다는 소식을 듣고, 1644년 4월 13일 직접 군사를 이끌고 정벌에 나섰다. 하지만 이자성은 오삼계가 만주족 군사들과 결탁했을 가능성과 그것의 심각성을 충분히 헤아리지 못했다. 그는 6만 명의 군사를 이끌고 서둘러 출병하였을 뿐 아니라 행군마저 지연되어 4월 21일이 되어서야 겨우 산해관에 도착했다. 도착 당일 양측은 격렬한 전투를 벌였다. 오삼계는 패배했고 오삼계의 주력군은 와해되었다. 그런데 바로 이튿날 다르곤이 이끄는 만주족의 군사가 돌연 참전함에 따라 대순의 군사들은 북경으로 패퇴하고 말았다.

이자성이 산해관에서 물러나자 오삼계는 만주군을 이끌고 북경을 압박해 들어왔다. 북경성 내외에서 지주와 관료들은 몰래 포스터를 내붙여 유언비어를 퍼뜨렸다. 상황이 이렇게 돌아가자 이자성은 북경을 지키는 것이 어렵다는 판단이 들었다. 이에 이자성은 관중으로 돌아가 군비를 재정비할 생각이었다. 4월 30일, 마침내 대순의 군사는 북경에서 철수해 섬서 방면으로 퇴각하기 시작했다. 달리 튼튼한 근거지를 가지고 있지 못하던 이자성은 북경을 벗어나자 수시로 전투를 벌여야만 하였다. 패배하고 물러나는 식의 매우 피동적인 전투였다. 만주군은 두 갈래로 나뉘어 공격을 퍼부었다. 이자성은 앞뒤로 적을 맞아 싸워야 하는 어려운 지경이었다. 이자성은 다시 섬서를 버리고 호북으로 퇴각했다. 그런데 뜻밖에도 농민봉기군이 열세에 몰리는 상황에서 우금성牛金星을 비롯한 일부 장수들이 투항하는 일이 벌어졌다. 이는 각지 호족들의 무장을 불러왔고, 대순의 봉기군은 더욱 곤경에 빠졌다.

1645년 4월, 이자성은 호북의 통산에 있는 구궁산九宮山에서 호족들의 무장세력에게 습격을 받아 세상을 떠나고 말았다. 당시 나이는 39세였다. 이자성이 희생되자 이자성의 부인인 고씨高氏와 이과李過, 고일공高一功 등이 대순의 잔존군을 지휘하여 끗끗이 저항했지만 결국 1664년에 이르러 무너지고 말았다.

명나라 말기에 벌어진 농민봉기는 중국의 절반이나 되는 넓은 지역을 휩쓸었는데, 이는 중국 역사상 가장 큰 규모의 농민전쟁이었다. 이 농민봉기는 참담한 교훈을 안겨 주었다. 그것은 "마무리를 처음처럼 신중하게 하지" 못한 것이 실패의 근본 이유라는 것이다.

18.
강과 바다는 온갖 개울물을 받아들인다

강과 바다가 수많은 개울물의 왕자가 될 수 있는 것은 하류에 있기 때문에 모든 개울물의 왕자가 될 수 있는 것이다.

江海所以能爲百谷王者강해소이능위백곡왕자, 以其善下之이기선하지, 故能爲百谷王고능위백곡왕.

「도덕경」 제66장

풀이

谷곡 개울. **百谷**백곡 온갖 개울물.
善선 …에 뛰어남. …할 수 있음.

해설

강과 바다가 온갖 개울물을 받아들일 수 있는 것은 개울물보다 하류에 있기 때문이다. 사람도 바다 같은 도량과 기개가 있어야 한다. 그래야만 모든 것을 포용하고, 고상하게 생각하고, 넓은 교양과 지식을 지니고, 마음을 알아주는 벗이 많은 사람이 될 수 있다.

산골짜기처럼 깊은 겸허한 마음은 자만하지 않고 독단하지 않고 고집하지 않는 것이다. 겸허한 마음은 남의 뛰어난 점을 보면 겸손하게 배우고, 자신의 부족한 점을 스스로 깨닫고 극복한다. 겸허한 마음은 남의 의견을 귀담아 듣고, 남의 도움을 받는 것을 기뻐한다. 명나라 말기부터 청나라 초기까지를 살다간 고염무顧炎武는 이런 측면에 있어서 전형적인 인물이다.

산골짜기처럼 깊은 겸허한 마음을 지니는 것은 사람이 재목으로 성장하고 또 성공에 이를 수 있는 중요한 조건이다. 사람은 누구나 겸허한 품행과 덕성을 기르려고 노력해야 한다.

예화

고염무가 자신을 낮추고 사회의 개혁을 이끌다

고염무顧炎武는 자는 영인寧人이고, 호는 정림亭林으로, 사람들은 흔히 '정림선생'이라고 부른다. 그는 명나라 조정에서 삼대에 걸쳐 3, 4품의 고관을 지낸 환관의 가문에서 태어났는데, 어려서부터 배움을 좋아한 그에게 유복한 가정환경은 좋은 조건을 제공했다. 고염무는 10세 되던 해에 『좌전左傳』, 『사기史記』, 『국어國語』, 『자치통감資治通鑑』 등의 역사책과 손자孫子와 오자吳子가 지은 병법서를 공부했다. 그는 당시 보통 지식인들과는 달리 공리공담을 일삼지 않았으며, 과거제도가 지닌 폐단을 정확하게 꿰뚫고 있었다. 때문에 그는 역사서와 유가의 경전을 공부하는 것 이외에도 지리, 세제稅制, 병법, 채광採鑛, 무역 등 실용에 관련된 책을 많이 읽고 이를 사회에서 활용하려 하였다.

당시 명나라 왕조는 도처에 위기가 도사리고 있었다. 고염무는 15세 되던 해에 사대부들이 결성한 결사結社에 참여해 위충현魏忠賢을 우두머리로 하는 환관 세력을 비롯한 조정의 권세가들에게 저항했다.

1644년, 만주족이 산해관山海關을 넘어 북경을 빼앗고 청淸나라를 세우고, 이듬해 다시 남하해 중국 전역을 수중에 넣자, 고염무는 항청抗淸 투쟁에 적극적으로 나섰다. 그는 두 차례 무장 투쟁에 참가했지만 모두 실패하고 이후 강호를 떠돌며 애국지사들을 규합해 지속적으로 항청 투쟁을 전개했다.

1657년, 고염무는 산동을 거쳐 하북, 북경, 산서, 섬서 등지를 두루 돌며 스승과 친구들을 만나 학문을 연구했다. 만년에는 섬서 지방에 있는 화양華陽에 은거하면서 저술에 힘을 기울였는데, 그의 주요한 저작들은 대부분 이 무렵에 완성되었다.

고염무는 국가의 전장典章 제도, 군읍郡邑의 장고掌故, 천문기상, 하조河漕, 군사와 농업을 비롯해 경사백가經史百家, 음운학, 훈고학訓詁學 등에 대해 폭넓은 지식을 지닌 대학자였다. 그는 폭넓은 지식과 깊은 학문을 이루었지만 결코 자신의 지식을 뽐내거나 자만하지 않았으며 항상 자신을 낮추고 남에게 가르침을 청했다. 그는 「광사편廣師篇」이라는 글에서 이렇게 말했다.

“나는 하늘과 사람의 관계를 논함에 있어 흔들리지 않는 굳은 신념을 갖는 것에 있어서는 왕인욱王寅旭만 못하다. 자신을 충실하게 발전시키고 깊고 정교하게 살피는 것에 있어서는 양설신楊雪臣만 못하다. ‘삼례三禮’에 정통한 경학자經學者로서는 장직약張稷若만 못하다. 세속에 물들지 않고 초연히 삶의 정취를 터득함에 있어서는 부청주傅青主만 못하다. 부단히 노력을 기울여 스스로 재목이 되는 것에 있어서는 노안경路安卿만 못하다. 박학강기博學強記하여 넓고 깊은 지식을 갖춤에 있어서는 주석창朱錫鬯만 못하다. 배움을 좋아하고 벗을 진심으로 대함에 있어서는 왕산사王山史만 못하다. 육서六書를 깊이 연구하고 옛것을 믿고 좋아함에 있어서는 장력신張力臣만 못하다. 정치적으로 두각을 나타내고 고위직에 올라 칭송받는 사람들은 많지만, 그것은 나와 같은 사람이 논할 바가 아니다."

고염무는 뛰어난 사상가이자 저명한 학자로서 역사에서 얻어낸 교훈과 현지답사를 통해 사회에 대한 진보적 개혁 의식을 확립할 수 있었다. 그는 사회의 폐습을 막고 풍속을 바르게 바꿔야 한다고 주장했다. 또 과거제도의 폐단을 지적하고 아울러 개선방안을 내놓기도 하였으며, 백성은 귀한 존재이고 임금은 가벼운 존재로 백성이 나라의 근본이라고 하면서 군주의 전제 집권을 반대하였다. 이 밖에도 그는 여러 방면에서 진보적인 개혁론을 내놓았다.

고염무의 학술저작은 그 분야가 매우 넓다. 모두 62종에 528권에 달하는 저술을 남겼는데, 대표적인 것으로는 『일지록日知錄』, 『천하군국이병서天下郡國利病書』, 『조역지肇域志』, 『음악오서音樂五書』, 『운보정韻補正』, 『정림시문집亭林詩文集』 등을 꼽을 수 있다.

고염무는 강한 민족의식을 지닌 애국자였다. 명나라 왕조가 멸망하자 '반청복명反淸復明'의 뜻을 꺾지 않았고 청나라 왕조의 관리가 되기를 거부했다. 이런 절개는 죽을 때까지도 바뀌지 않았다. "천하의 흥망은 필부에게 그 책임이 있다."는 강한 애국심을 담은 그의 말은 길이 전해진다.

19. 다투지 않기에 아무도 그와 다투지 않는다

그러므로 성인은 비록 백성들보다 높은 자리에 있지만 반드시 백성들에게 겸손함을 내보인다.

백성들에게 모범이 되려면 백성들의 이익을 앞세워야 한다.

그러므로 성인은 높은 자리에 있지만 백성들은 짐스러워하지 않고, 앞쪽에 있지만 백성들은 방해가 된다고 여기지 않는다.

그러므로 세상은 기꺼이 그를 떠받들면서 버리지 않는다.

다투지 않기 때문에 세상에는 그와 다투는 사람이 없다.

是以聖人欲上民시이성인욕상민, 必以言下之필이언하지;
欲先民욕선민, 必以身後之필이신후지.
是以聖人處上而民不重시이성인처상이민부중, 處前而民不害처전이민불해.
是以天下樂推而不厭시이천하락추이불염.
以其不爭이기부쟁, 故天下莫能與之爭고천하막능여지쟁.

「도덕경」 제66장

풀이

上民상민 자신을 백성들의 위에 둠. 즉 백성을 다스림.
先民선민 백성들 앞에 섬. 즉 백성을 인도함.
重중 걸머짐. 압박함.
害해 방해. 해를 입음.
厭염 혐오함.

해설

노자는 위와 아래, 앞과 뒤는 서로 대립적이면서 또한 통일적이라고 여겼다. 위가 있으면 아래가 있고, 아래가 있으면 위가 있으며, 앞이 있으면 뒤가 있고, 뒤가 있으면 앞이 있게 마련이다. 이런 이치를 정치에 접목시키면, "백성들보다 높은 자리에 있지만 백성들에게 겸손하고, 백성들에게 모범이 되기 위해 백성들의 이익을 앞세워" 지도자와 백성 사이에는 갈등이 사라지게 된다. 백성들보다 높은 자리에 있지만 억누른다는 느

낌을 주지 않고, 백성들보다 앞서 있지만 장애가 된다고 느끼지 않는다면, 세상 사람들은 기꺼이 그를 받들 것이다.

노자의 이 말은 자신을 낮추어 남과 다투지 않는 덕망에 핵심이 있다. 지도자는 자신을 낮추어 물러설 줄 알아야만 지도자의 지위를 얻을 수 있고, 또 무위無爲와 부쟁不爭의 정치를 펼쳐야만 한다. 노자는 지도자는 아랫사람에게 자신을 낮출 줄 알아야만, 높은 자리에 앉을 수 있다고 여겼다. '무위無爲' 해야만 '무불위無不爲' 할 수 있는 것이다. 노자의 이 말은 소박한 변증법적 사고를 보여준다.

노자의 사상은 오늘날에도 중요한 가르침을 준다. 지도자는 자신을 낮추고, 능력 있는 사람들을 예우하고, 대중 속으로 들어가 대중들의 고통을 직접 살피고, 대중에게 이로운 정책을 펼쳐야만, 대중의 사랑을 받고 높은 명성을 누릴 수 있다.

예화

한나라 문제가 검소함을 실천하여 치세를 이룩하다

유항劉恒은 한나라를 세운 고조 유방劉邦의 아들이다.

기원전 196년, 유방은 진희陳豨의 반란을 평정하고 유항을 대왕代王에 책봉했는데, 대왕의 관할 구역은 지금의 하북성 서북부와 산서성 북부에 해당되는 지역이었다.

기원전 180년, 서한의 정권을 오랫동안 움켜쥐고 있던 여후呂后가 병으로 세상을 떠났다. 승상 진평陳平과 태위 주발周勃은 여후의 일족을 과감하게 제거하고, 인자하고 효성스럽기로 소문난 유항을 황제로 추대하니, 그가 바로 문제文帝이다.

문제는 황제의 자리에 있는 동안 백성들의 세금을 경감하고, 농사를 장려하고, 법령을 간소화하고, 대외전쟁을 중지하여 사회와 경제가 차츰 발전하게 되었다. 문제는 사생활에 있어서도 백성들의 부담을 덜어주고자 검소한 생활을 솔선수범했다. 예컨대 노대露臺의 건립을 중지하고, 장례를 간소하게 치르라고 유언한 일화는 길이 미담으로 전해진다.

서한이 건국된 초기에는 초한전楚漢戰의 여파 때문에 전체 사회가 무척 피폐한 상황이었다. 인구는 줄고 토지는 황폐해져 백성들은 경제적 여유가 없었다. 심지어 재상이 소달구지를 타고 다니는 지경이었다. 나라 어디를 가도 황량한 풍경만이 펼쳐졌다. 나라의 경제를 발전시키고 국력을 강화해 왕조를 굳건하게 하기 위해 한나라 초기의 통치자들은 2대만에 멸망한 진나라를 교훈 삼아 '무위無爲의 다스림'과 전쟁을 벌이지 않는다는 정책 기조를 정했다. 문제는 즉위하자 기존의 이런 정책 기조를 지켜 나갔다. 그는 백성들의 부담을 덜어주고자 국가의 재정지출을 줄이기 위한 철저하고 효과적인 조치들을 단행했다. 문제는 즉위한 이듬해에 일식日蝕을 계기로 이런 조령을 내렸다.

"일식을 비롯한 각종 자연재해는 군주가 덕이 없고 정치가 혼란한 것에 대한 하늘의 경고라고 하오. 대신들은 만약 내게 과실이 있거든 언제라도 비판하기 바라오. 그리고 뛰어난 인재와 직간直諫을 할 수 있는 인재를 발굴하는 일에 관심을 갖기 바라오. 앞으로 각급 기관에서는 지출을 줄이도록 애써서 백성들에 대한 부역을 경감시키도록 하시오. 지금 북쪽 변방은 여전히 흉노匈奴의 위협이 도사리고 있기 때문에 각지에 주둔하고 있는 부대를 해산시킬 수는 없소. 하지만 도성의 방어군은 지나치게 많을 필요가 없으니 일부를 줄이도록 하시오. 태복이 관장하는 마필馬匹은 중앙조정에는 꼭 필요한 만큼만 남기고 나머지는 모두 각지의 역참驛站에 분배해 이용토록 하시오."

같은 해에 박사 가의賈誼가 상소해 농사를 접고 장사에 매달리고, 재물을 낭비하는 그릇된 풍조의 위험성을 지적하고, 또 한나라의 건국 이래로 비축된 물자가 부족하다는 점에 대해 깊은 우려를 표하면서 농업을 중시하고 떠도는 농민들에 대한 관리를 강화하라고 청원했다. 문제는 가의의 건의를 받아들였다. 문제는 우선 선진先秦시대에 천자天子가 친히 백성들을 이끌고 자전籍田에서 파종하던 전통을 회복시켰다. 또 얼마 후에는 당해 연도의 농업세 절반을 경감해 농민들이 보다 적극적으로 농사일에 힘쓰게 하였다.

기원전 168년, 문제는 다시 조령을 내렸다.

"농업은 국가의 근본이오. 농사에 힘쓰는 사람에게 세금을 거두는 것은 자칫 본말을 구분하지 못하게 할 수 있어서 농업의 발전에 불리하오. 그러니 농업세를 전면 폐지토록 하시오."

이 명령은 반포된 이래로 10년 넘게 지속되었다. 농업세를 폐지하고 국가의 재정지출을 줄인 것은 문제의 통치에 있어서 긴밀히 연관된 두 가지 조치로, 낭비를 줄여 국가기관의 지출을 최대한 줄일 수 있었기 때문에 가능했다.

가의는 문제가 즉위하자 정삭正朔과 복색服色을 바꾸고, 관명官名을 정하고, 예악禮樂을 일으켜 천자의 위엄을 세우라고 건의했지만, 문제는 이는 많은 비용이 소모된다며 받아들이지 않았다. 문제는 황제의 자리에 있는 23년 동안 궁실, 원유苑囿, 거관車觀, 복장, 일상용품을 예전 그대로 유지하였고 단 하나도 늘린 것이 없었다. 문제는 궁중에서 혹시라도 대규모 공사를 하는 광경을 보게 되면, 백성들에게 부담이 돌아간다는 이유로 즉시 중지시켰다.

언젠가 문제는 '노대露臺'를 하나 세우고 싶어했다. 이에 기술자들을 모아 소요 비용을 따져 보았더니 '백금百金'이 소요된다는 계산이 나왔다. 그러자 문제는 이렇게 말했다.

"백금이면 중등 가정 열 가구의 재산에 해당되는 금액이오. 나는 황제의 자리에 올라 호화로운 궁전을 물려받았음에도 늘 소임을 다하지 못해 선왕을 뵐 면목이 없소. 그러니 어떻게 그런 낭비를 할 수 있겠소?"

문제는 노대를 만들려던 생각을 버렸다.

문제는 일상생활에서도 소박함을 추구했다. 그는 스스로 백관들에게 모범을 보이려고 하였다. 평소 문제는 소박한 검은 옷을 입었고, 비빈妃嬪들도 화려한 옷을 입지 않았다. 궁중의 커튼에는 비단수를 놓지 않았고, 기물도 수수한 것을 사용했다.

문제는 농민들이 줄줄이 파산하고 관리들의 사치가 도를 넘어서는 현상에 대해 경고를 멈추지 않았다. 기원전 163년에는 조령을 내려 이렇게 말했다.

"최근 몇 년 동안 수확이 좋지 못하오. 게다가 수재, 가뭄, 병충해가 겹쳐 무척 걱정스럽소. 왜 이런 결과가 초래된 것이오? 정치적 실정과 행위의 과실 때문이오. 관리들이 지나치게 낭비하고 쓸데없는 일을 많이 벌였기 때문이 아니오? 그렇지 않다면 어째서 백성들이 이처럼 식량부족을 겪는단 말이오? 토지는 줄지 않고 백성들은 늘지 않았기에 일인당 토지점유면적도 예전보다 줄지 않았소. 그런데도 이처럼 식량이 부족한 것은 무엇 때문이오? 농사를 팽개치고 장사에 매달리는 자가 너무 많고, 술을 빚느라 식량을 엉뚱하게 소비하기 때문이 아니오? 아무리 생각해도 이해할 수 없는 일이오. 백성들이 곤경에서 벗어날 수 있도록 방법을 강구하시오."

기원전 158년 여름, 도성에 가뭄과 병충해가 유난히 심각했다. 문제는 산택山澤의 독점을 폐지해 백성들이 고기잡이와 벌목을 할 수 있게 하고, 또 궁중에서의 일용품 사용을 줄이고, 곳간을 풀어 빈민들을 구제했다. 이 일을 마치고 문제는 과로로 쓰러져 다시 일어나지 못했다. 당시 그의 나이는 40세에 불과했다.

예전에는 제왕은 죽기 전에 자기 무덤을 미리 만들어 두는 관습이 있었다. 문제도 예외는 아니었다. 하지만 그는 이 또한 최대한 검소하게 하였다. 문제의 능묘인 패릉霸陵은 봉분을 높이 올리지 않게 산에 기대어 만들었다. 그렇게 함으로써 비용을 상당히 줄일 수 있었던 것이다. 한번은 문제가 신하들을 거느리고 패릉을 돌아보았다. 문제는 사람은 죽으면 아무것도 남지 않는다는 생각에 쓸쓸한 마음이 들었다. 그는 수행한 신부인愼夫人에게 거문고를 타게 하고 구슬픈 노래를 불렀다. 문제는 신하들에게 이렇게 말했다.

"북산北山의 돌로 관을 만들고 솜과 아교로 관의 틈새를 메워도 시신이 썩고 도굴을 당하겠소?"

낭장 장석지張釋之가 말했다.

"세상 사람들이 생각할 수 있는 물건을 무덤에 넣는다면, 남산 전체로 무덤의 문을 삼더라도 사람들은 틈새를 찾아 도굴을 할 것입니다. 하지만 무덤에 가치 있는 물건을 넣지 않는다면, 설사 돌로 관을 만들지 않더라도 무슨 근심이 있겠습니까?"

문제는 장석지의 대답에 칭찬을 아끼지 않았다. 결국 패릉에는 와기瓦器만을 부장하고, 귀중한 것은 일체 넣지 못하게 하였다. 아울러 장석지를 정위로 승진시켜 격려했다.

기원전 157년, 문제는 나날이 건강이 나빠지더니 얼마 후 미앙궁未央宮에서 세상을 떠났다. 임종 무렵에 그는 이런 유언을 남겼다.

"세상만물은 태어남이 있기에 죽음이 있게 마련이오. 죽는 것은 자연의 이치이니 슬퍼할 것이 없소. 지금 세상 사람들은 삶을 좋아하고 죽음을 싫어하오. 그래서 가산을 탕진해 후하게 장례를 치르고, 장례기간을 길게 하여 살아 있는 사람들에게 피해를 끼치는 풍조가 유행하고 있소. 나는 이에 대해 큰 반감을 갖고 있소. 나는 덕이 부족해 백성들에게 복을 주지 못하는 것을 늘 아쉬워하고 있소. 그런데도 내가 죽어서 오랫동안 장례를 치르느라 백성들에게 고통을 준다면 무슨 면목으로 사람들을 대할 수 있겠소? 다행히 황제의 자리에 있은 20년 넘는 세월 동안 하늘의 가호로 나라가 평안하였소. 이제 하늘이 준 수명이 다하였으니 선왕의 곁으로 돌아가려오. 이제 천하의 백성들은 내가 죽거든 사흘만 곡을 하고 바로 상복을 벗어도 좋소. 민간에서는 평소대로 결혼식을 치르고, 제사를 지내고 술과 고기를 먹게 하시오. 궁중에서 상복을 입는 자들은 선족跣足을 하지 말고, 두건과 상대喪帶의 넓이는 세 치를 넘지 않도록 하시오. 흰색 베로 무기와 수레를 감지 말고, 백성들을 징발해 궁중에서 곡을 하지는 마시오. 곡을 해야 하는 자는 매일 아침저녁으로 15명이면 되오. 하관을 하고 나서는 대공大功은 15일, 소공小功은 14일로 하고, 담제禫祭를 지내고 7일이 되면 상복을 벗도록 하시오. 나머지는 조령에 따라 구체적 방법을 정하도록 하시오. 과인의 이런 뜻을 세상에 널리 알리시오. 패릉은 본래의 모습대로 두고 손질하지 마시오. 내가 죽거든 부인을 비롯한 비빈들은 모두 고향으로 돌려보내 새로 시집가게 하시오."

자신의 상례와 장례에 대한 문제의 배려는 그가 일생 동안 받들어 온 절약의 정신과 백성들에게 도움을 주려는 원칙을 관철시킨 것으로, 찾아보기 드문 사례다.

서한의 사회와 경제는 무제 때에 이르러 전례 없는 번영을 구가했다. 사람들은 기본적으로 배불리 먹고 따뜻하게 잘 수 있는 생활이 가능해졌고, 각지의 곳간은 넉넉해졌다. 도성 장안에는 많은 재물이 쌓였고, 나라의 곳간에는 비축한 양식이 흘러넘쳐 심하게는 들판에 쌓아두는 수밖에 없는 지경이었다. 무제는 강성한 국력을 바탕으로 한나라 초기 이래로 계속된 흉노의 침략과 제후들의 반란을 철저히 제압했고, 영토를 넓힘으로써 큰 명성을 떨쳤다. 무제의 빛나는 업적은 문제에서 비롯된 '문경文景의 치세'가 없었다면 상상할 수도 없는 일이었다. '문경의 치세'는 후세의 역사학자에게 치세治世의 전범으로 받들어진다. 문제의 검소한 미덕 또한 대대로 칭송되어 왔다. 특히 일부 지식인들은 이런 미덕을 비판의 척도로 삼아 황음무도한 폭군들을 들추고 비판하였다.

20.
내게는 세 가지 보물이 있다

내게는 세 가지 보물이 있으니, 영원토록 간직하고 소중히 여길 것이다.

첫째는 인자함이고, 둘째는 검소함이며, 셋째는 남의 앞자리에 서지 않는 것이다. 인자하기에 두려움 없이 용감할 수 있고, 검소하기 때문에 길이 풍족할 수 있으며, 남의 앞자리에 서지 않기에 만물의 우두머리가 될 수 있다.

我有三寶아유삼보, 持而保之지이보지. 一日慈일왈자, 二日儉이왈검, 三日不敢爲天下先삼왈불감위천하선. 慈故能勇자고능용, 儉故能廣검고능광, 不敢爲天下先불감위천하선, 故能成器長고능성기장.

「도덕경」 제67장

풀이

慈자 인자한 마음.

儉검 검소함.

慈故能勇자고능용 인자한 마음을 지녀야 병사들이 용감하게 막을 수 있음.

器기 만물.

해설

노자가 말한 세 가지 보물은 '도道'의 세 가지 원칙을 의미하는 것이다.

첫 번째 보물은 '인자함'이다. 인자함이란 온유와 사랑이다. 즉 사랑하는 마음에 동정심이 더해진 것이다. 인자함은 남을 너그럽게 대하고, 남을 해치는 언행을 하지 않는 것이다. 만물에 대해 인자함을 갖는다면, 생명을 아껴 살생을 피할 수 있고, 평화로운 기운으로 마음을 채울 수 있다. 인자함은 세 가지 보물 가운데 첫 번째 보물이다.

두 번째 보물은 '검소함'이다. 검소함은 사치하지 않고 멋대로 하지 않는 것이다. 검소함은 절약과 억제다. 노자는 "사람을 다스리고 자연을 섬김에 있어서 아끼는 것보다 더 중요한 것은 없다."(『도덕경』 제59장)고 하였다. 인력, 물력物力, 정신, 에너지를 모아 적절한 때를 기다리라는 말이다. 모든 일에 대해서 검소해야 한다. 음식에 검소하면 장기를 보호할 수 있고, 욕구에 검소하면 정신을 모을 수 있고, 생각에 검소하면 번뇌를 줄일 수 있다.

세 번째 보물은 '남의 앞자리에 서지 않는 것'이다. 여기에는 두 가지 의미가 있다. 하나는 자신을 낮추어 남과 다투지 않는다는 의미고, 다른 하나는 낮은 곳으로 물러나 자신을 지킨다는 의미다.

노자가 언급한 '세 가지 보물'은 도道와 덕德의 사회적 실천을 뜻한다. 잔혹한 전쟁을 경험한 노자는 나라를 태평하게 하는 것은 이 세 가지 보물과 뗄 수 없는 관계를 지닌다고 여겼다. 세 가지 보물을 여러 분야에서 운용한다면 승리를 얻을 수 있지만 그 반대라면 실패를 불러오게 된다.

예화

안영이 검소함으로 나라의 번영을 돕다

안영晏嬰은 자가 중평仲平으로, 후세 사람들은 그를 안자晏子라고 높여 부른다. '자子'는 학식과 덕망이 높은 인물을 높여 부르는 말이다.

제齊나라의 귀족 가문 출신인 안영은 오랫동안 요직을 거치며 당시 여러 나라에서 높은 명성을 누렸으며, 사생활에 있어서도 청렴하고 검소함으로 후세에 널리 칭송되었다. 공자孔子는 언젠가 "안영은 남과 사귐에 뛰어나다. 시간이 갈수록 그를 더욱 존경하게 된다."고 말한 적이 있다. 또 『사기史記』를 저술한 한나라의 역사가 사마천司馬遷은 "안자가 지금 살아 있다면 나는 그 분을 위해 말채찍을 잡을 것이다. 그럴 수 있다면 얼마나 행복할까!"라는 소감을 피력하기도 하였다.

중국의 역사를 돌아보면, 출중한 지혜와 소박하고 겸손한 미덕을 동시에 지닌 인물들을 흔히 찾아볼 수 있다. 하지만 안영은 그런 사람들 가운데서도 대표적인 인물이다.

기원전 556년, 안영의 부친 안약晏弱이 세상을 떠났다. 안약은 제나라의 대부大夫로, 당시 경대부의 장례는 무척 성대하게 치러졌다. 여기에는 복잡한 절차와 많은 인력과 물자가 소요되었다. 심지어 상여가 지나가는 길을 만들기 위해 중요한 건축물을 헐어내기도 하였다. 하지만 이는 단지 귀족들의 체면을 위한 것일 뿐이었다. 젊은 안영은 이런 폐단을 없애기 위해 주변의 압력에도 불구하고 기존의 장례 관습을 과감히 뜯어 고쳤다. 당시 관례로는 부친의 시신 운구에는 다섯 량의 수레가 필요했지만 안영은 한 대만 준비했다. 또 안장을 할 적에는 문상객을 모아놓고 복잡한 의식을 치러야 했지만 안영은 절차를 대폭 생략하고 곧장 집으로 돌아갔다. 이처럼 관례에 어긋나는 행동은 당시 사람들을 어리둥절하게 만들었다.

한번은 공자의 제자 증삼曾參과 유약有若이 안영의 사람됨에 대해 이야기를 나누었다. 증삼이 안영은 예법禮法을 아는 인물이라고 하자, 유약은 이를 반박했다.

"안자는 아버지의 장례를 간소하게 치르고 문상객들을 소홀히 대했는데, 어떻게 그가 예법을 안다고 할 수 있겠는가?"

그러자 증삼은 즉시 반론을 폈다.

"안자의 마음을 어찌 알겠소? 군자는 혼란한 시기에는 예법을 두루 갖추는 것을 부끄럽게 여기고, 사치스러운 풍조가 있으면 검소함을 제창하는 법이오. 장례의식을 간소하게 한 것은 안자의 고명한 점이오."

지금 보면 증삼의 반론이 옳다. 안영은 부친에 대한 정이 깊지 않아서 장례의식을 간소히 한 것은 아니다. 안영은 임시로 만든 초막에서 거친 상복에 죽으로 끼니를 때우면서 부친상을 치렀다. 이는 사士 계층의 상례 규범에 어울리는 것으로, 안씨 가문의 가신家臣들이 보기에는 너무 초라해 보였다. 그들은 안영에게 이렇게 권고했다.

"대부의 신분으로 이렇게 하는 것은 맞지 않습니다."

하지만 안영은 겸손함을 잃지 않았다.

"경卿의 신분이라야 상대부上大夫라고 할 수 있소. 나처럼 아버지의 작위를 갓 물려받은 사람이 어찌 감히 대부의 예법을 쓰겠는가?"

안영이 기준을 낮춰 부친상을 치른 것은 세상의 사치 풍조를 바로잡으려는 의도였다. 아울러 자신을 상중에도 향락을 추구하는 염치없는 귀족들과 구별하려는 것이기도 하였다.

안영은 제사의식도 과감히 뜯어고쳤다. 당시의 예법으로는 대부 계층에서는 제사를 지낼 적에 양과 돼지를 제물로 삼는 소뢰小牢의 예를 행하여야 했다. 하지만 안영은 한 등급 낮추어 돼지를 제물로 삼는 사士 등급의 예법을 사용했다. 또한 살찐 희생을 쓰던 종래의 관습과는 달리 여윈 새끼돼지를 썼다. 안영이 제사 예법을 이렇게 바꾼 것도 상례의 예법을 바꾼 것과 같은 의도에서 나온 것이다. 즉 "나라가 사치스러우면 검소함을 내보인다."는 필요성에서 나온 것이었다. 안영은 지나치게 굽으면 바로잡을 수가 없으므로, 전통적 예법에 과감하게 맞서 검소함을 보여야만 만연된 사치 풍조를 씻어낼 수 있다고 판단한 것이었다.

안영이 살았던 시대는 제나라가 가장 혼란스러운 시기였다. 왕실은 갈수록 약해졌고, 경대부의 세력은 오히려 날로 커졌다. 특히 국씨國氏와 고씨高氏 같은 오래된 귀족들 이외에도 신흥 귀족들이 등장했는데, 이들 신구 귀족과 왕실 사이에는 권력과 재산을 둘러싼 첨예한 갈등이 빚어졌다. 하루아침에 권세를 잡았다가도 이내 더 강한 경쟁자에게 빼앗기기가 일쑤였다. 세도가들이 권세만 믿고 덕정德政을 펼치지 않아서 금세 몰락하는 현실을 보면서, 안영은 무도한 수탈이 얼마나 위험한 것인지를 절감했다. 때문에 안영은 대부의 반열에 오르자 시종 검소하고 청렴한 생활을 지켜 나갔다.

당시 안영은 최씨崔氏와 경씨慶氏의 권력 농단에 맞선 공로로 경공景公에게서 북전北殿 인근에 있는 마을 60개를 하사받았다. 하지만 안영은 이를 고사했다. 그러자 자미子尾라는 사람이 안영에게 물었다.

"누구나 부유하길 바랍니다. 그런데 선생께서는 어째서 마을을 받지 않으시는지요?"

"부유함에는 한도가 있어야지요. 욕망을 채우려고 하면 아니 되오. 경씨의 봉읍은 그의 욕망을 충족시켰지만 또한 그의 멸망을 가져왔소. 내가 받는 봉록俸祿이 넉넉지 않기에 북전의 마을을 받는다면 만족스럽겠지만 어쩌면 그것 때문에 큰 위험이 닥칠지도 모르오. 그러면 원래 가지고 있던 작은 마을조차 지키지 못할 수 있을 것이오. 내가 북전의 마을을 사양한 것은 부유함을 싫어해서가 아니라 현재의 가업을 잘 지키기 위한 것이오. 개인이 소유하는 재물은 예법의 규정에 맞아야 하오. 이는 포목의 너비가 정해져 있는 것과도 같은 이치요. 부유함 때문에 불인不仁해지고, 이익 앞에서 의를 저버리고, 탐욕에 빠진다면 그것은 멸망을 불러올 뿐이오."

기원전 544년, 오吳나라 계찰季札이 제나라를 방문했다. 계찰은 안자를 만나자 마치 오래된 벗을 만난 것만 같았다. 계찰은 제나라가 안정된 모습 이면에 큰 위험이 도사리고 있음을 직감했다. 그는 안영에게 식읍食邑과 직책을 반납해 권력싸움의 소용돌이에 휘말리지 말라고 경계했다. 계찰의 경계는 안영의 오랜 바람과도 같은 것이었다. 이에 안영은 자신의 식읍을 모두 내놓았고, 더욱 검소하게 생활했다. 안영의 가족들은 "고기 반찬을 먹지 않았고, 비단옷을 입지 않았다." 안영은 30년도 더 된 낡은 가죽옷을 입고 임금을 알현했다. 남들이 명리를 추구하는 동안 안영은 청빈하게 살아갔다.

한번은 경공이 안영에게 이런 말을 건넸다.

"그대의 집은 시장에서 가까워 시끄럽고 지대가 낮아 눅눅하고 비좁아 살기 불편할 게요. 넓고 밝은 집을 주고 싶소."

"지금 집은 조상 대대로 살아온 집입니다. 저는 공적이 조상들만 못하면서도 조상의 은덕으로 이 집에 사는 것만으로도 충분히 호사한 일입니다. 그리고 시장에서 가까운 것은 물건을 사기 편하니 오히려 장점인 셈입니다."

얼마 후 안영은 통혼通婚 문제로 진晋나라에 사신으로 가게 되었다. 경공은 안영이 없는 틈에 주민들을 이주시키고 안영의 집을 허물고 새 집을 지었다. 제나라에 돌아온 안영은 뜻밖의 상황에 몹시 가슴이 아팠다. 안영은 먼저 경공의 호의에 감사드리고 새 집을 헐어내고 주변 집들을 복원해 원래 살던 사람들이 돌아와 살게 하겠다고 하였다. 안영은 이웃에 살던 주민들에게 이렇게 말했다.

"여러분은 예전부터 여기서 함께 살았소. 이는 하늘이 주신 인연이오. 하늘의 뜻을 어찌 거스르겠소? 군자는 예에 어긋나는 짓을 하지 않고, 백성은 상서롭지 않은 일은 하지 않는 법이오. 이 오랜 교훈을 어찌 저버리겠소?"

안영이 거듭 청하자 경공도 고집을 꺾었다. 안영은 옛집으로 돌아가 이웃과 어울려 화목하게 살았다.

안영은 평생 영공靈公, 장공莊公, 경공의 세 임금을 섬겼다. 최씨와 경씨 일족이 제거되자, 안영은 경공의 유력한 보필자가 되었다. 경공의 집권 후반기에 안영은 노신老臣이 되었음에도 훌륭한 언행으로 나라 안팎에서 칭송받았다. 하지만 안영은 이에 자만하지 않았다.

한번은 안영이 수레를 타고 외출하는데, 수레를 몰던 마부의 아내가 이를 보게 되었다. 저녁에 마부가 집으로 돌아오자 아내는 그에게 헤어지자고 요구했다. 어리둥절해진 남편이 까닭을 묻자 아내는 이렇게 대답했다.

"안자는 키가 6척도 되지 않지만 재상이 되어 제후들 사이에서 이름을 떨칩니다. 오늘 그분이 수레를 타고 가는 모습을 보았는데, 너무도 장중하고 사려가 깊어 보였습니다. 자만심이라고는 눈곱만치도 없었습니다. 그런데 당신은 8척이나 되는 허우대를 가지고서도 남의 수레를 몰면서 의기양양하더군요. 마치 자신이 세상에서 가장 행복하고 대단한 사람인 것처럼 말이에요. 그런 당신이 부끄러워요."

이 말에 마부는 마침내 태도를 고쳐 겸손하고 진중한 사람이 되었다. 안영은 마부의 변한 모습을 발견하고 까닭을 물었다. 마부는 사실대로 안자에게 이야기했다. 안영은 스스로 결점을 고친 마부의 용기를 칭찬하고, 그를 추천해 관청의 중요한 일을 맡게 하였다.

기원전 522년, 경공은 심한 피부병과 학질에 걸려 일 년 넘게 병석에 누워 있었다. 병문안을 오는 제후들의 발길이 끊이지 않았다. 총신 양구거梁丘據가 경공에게 말했다.

"풍성한 제물로 대왕의 쾌유를 비는 제사를 올렸지만 전혀 차도가 없습니다. 이는 제사를 책임진 관리가 정성을 다하지 않았기 때문입니다. 이런 사정을 모르는 이웃 나라에서는 우리가 올린 제물이 부족해서라고 합니다. 책임자인 축고祝固와 사효史嚚를 처벌하고, 이웃 나라에 이런 사실을 알려야 합니다."

경공은 양구거의 말에 귀가 솔깃했다. 경공이 이를 안영에게 말하자 안영은 이렇게 말했다.

"일찍이 송宋나라에서 정전停戰 회담이 열렸을 적에 초나라 대부 굴건屈建은 진晉나라 대부 조무趙武에게 고인이 된 진나라 범회范會의 덕행을 물었습니다. 그때 조무는 이렇게 대답했습니다. '범회는 집안을 잘 다스리고, 나랏일에 사적인 감정을 개입시키지 않았으며, 제사에서는 사실대로 신령께 아뢰었습니다. 사람들은 서로 의심하지 않았고, 신령께는 아무것도 기원하지 않았습니다.' 굴건이 이 말을 초나라 강왕康王에게 고하자 강왕은 이렇게 감탄했습니다. '범회는 사람과 귀신 모두에게 원망을 받지 않았다. 그가 다섯 임금을 보필해 제후의 패자로 만든 것은 너무도 당연하다.'"

경공은 무슨 말인지 이해하지 못했다.

"지금 축고와 사효를 처벌할 것을 의논하는데, 옛날이야기를 꺼내는 이유가 무엇이오?"

"덕망 있는 임금은 국사와 가사를 해치지 않고, 귀신과 백성에게 원망을 듣지 않습니다. 축고와 사효가 신령께 거짓이 없었다면 나라에 복이 올 것입니다. 하지만 임금이 어리석으면 사람들은 사악한 짓을 저지르고 서로를 원망하며 환락에 매달리고 욕심을 부리게 됩니다. 이런 상황에서 축고와 사효가 신령께 사실대로 고한다면, 포학한 군주의 죄상을 드러내게 될 것입니다. 또 잘못을 감추고 좋은 점만을 아뢴다면, 이는 신령을 속이는 짓이 됩니다. 축고와 사효는 어쩔 수 없이 신령께 거짓을 고했고, 신령께서는 이를 징벌하기 때문에 나라가 평안치 못한 것입니다. 제가 범회의 이야기를 말씀드린 것은 진실을 밝히는 것이 신령께 기원하는 것보다 중요하다는 것을 말씀드리려는 것이었습니다."

"그럼 어찌해야 좋겠소?"

"축고와 사효를 함부로 죽여서는 아니 됩니다. 제나라를 보십시오. 산림과 호수의 이익을 나라가 독점하고, 관문關門을 겹겹으로 만들어 마음대로 세금을 거둡니다. 귀족들은 백성의 재물을 강탈하고 갖가지 공사를 벌여 재물을 탕진하면서도 부끄러워할 줄 모릅니다. 낮은 벼슬아치들은 호가호위狐假虎威를 일삼고 있습니다. 고통에 지친 백성들은 임금을 저주합니다. 기도가 효과가 있다면 저주인들 결과가 없겠습니까? 이 넓은 제나라에서 얼마나 많은 사람들이 저주를 퍼붓겠습니까? 축고와 사효가 제아무리 재주가 뛰어나다 하더라도 많은 사람들의 저주를 막아낼 수 있겠습니까? 대왕께서는 축사를 죽이기보다 먼저 덕을 쌓고 선행을 베푸셔야 합니다."

경공은 안영의 말에 크게 뉘우치는 바가 있었다. 경공은 산택山澤의 금법을 없애고 백성들의 부담을 경감시키는 조치를 내렸다.

사회적 갈등이 날로 심화되던 춘추시대 말기에 안영은 예법을 지키고, 군주를 보필하고, 경대부들의 본분을 넘어선 행위를 견제했다. 안영은 정치적으로는 매우 보수적이었지만, 사치와 낭비, 과도한 징세, 엄혹한 형벌을 반대했고, 통치자의 우매와 부패를 날카롭게 비판했다. 또한 검소한 생활을 제창하고, 이를 몸소 실천했다.

21.
사람을 잘 쓰는 자는 자신의 몸을 낮춘다

사람을 잘 쓰는 자는 자신의 몸을 낮춘다.

善用人者선용인자, 爲之下위지하.

「도덕경」 제68장

풀이

爲之下 위지하 자신을 남의 아래에 둠.

해설

이는 사람을 잘 쓰는 사람은 남에게 겸손하다는 의미다. 노자는 이처럼 자신을 낮추고 양보하는 태도로 남을 대하라고 주장했다.

초한전楚漢戰에서 유방劉邦은 사람을 잘 기용했기 때문에 승리했고, 항우項羽는 사람을 잘 쓰지 못했기 때문에 패배했다. 인재를 대우함에 있어서는 자신을 낮출 수 있는지가 중요하다. 역사적으로 이에 대한 사례는 매우 많다. 예컨대 연燕나라 소왕昭王은 '황금대黃金臺'를 지어 천하의 인재를 끌어 모았고, 유비劉備는 '삼고초려三顧草廬'하여 제갈공명諸葛孔明을 맞아들였다. 모두가 자신을 낮춤으로써 인재를 기용한 성공적 사례들이다.

어째서 어떤 사람은 사람을 잘 쓰고 또 어떤 사람은 사람을 잘 쓰지 못하는 것일까? 이는 자신을 낮추고 남을 잘 대할 수 있느냐에 달려 있다. 노자의 언급은 인재 기용의 이치를 망라한 말이다.

예화

연나라 소왕이 자신을 낮추어 전국칠웅의 하나가 되다

희직姬職은 전국시대 연燕나라의 군주다.

전국시대에 북쪽 지방에 치우쳐 있던 연나라는 전국칠웅戰國

七雄 가운데서도 가장 낙후되어 있었다. 기원전 314년, 연나라 임금 쾌噲는 아들 자지子之에게 임금의 자리를 물려주었는데, 이는 큰 혼란을 가져왔다. 당시 제齊나라 선왕宣王은 이를 틈타 연나라를 점령하고 임금을 죽였다. 나라가 망하는 것을 보고 있을 수 없었던 연나라 백성들이 들고 일어나 제나라에 맞섰다. 연나라 백성들은 마침내 제나라 세력을 몰아내고 태자 희직을 찾아내 군주로 세우니, 그가 바로 소왕昭王이다. 소왕은 즉위하자 백성들과 고락을 함께하고, 자신을 낮추어 훌륭한 인재를 발굴하는 것을 치국의 방책으로 삼았다. 20년이 넘는 노력을 거쳐 연나라는 마침내 북방의 강국으로 도약하게 되었다.

소왕은 즉위하자 어떤 희생을 치르더라도 전쟁으로 만신창이가 된 연나라를 반드시 부흥시키고 제나라에 설욕하겠다고 다짐했다. 그는 인재를 모으는 것이 무엇보다도 중요하다는 사실을 잘 알고 있었다. 인재가 있어야만 무엇이든 할 수 있는 것이었다. 소왕은 인재를 얻기 위해 밤낮으로 골몰했다. 먹고 자는 것도 잊을 정도였다.

당시 연나라에 곽외郭隈라는 나이 든 명사가 있었다. 소왕은 곽외를 찾아가 유능한 인물을 찾아낼 방법을 물었다.

"제나라가 우리 도성을 짓밟고 보물을 빼앗아 갔소. 지금 연나라는 약소하여 설욕할 수 없다는 것을 나도 잘 알고 있소. 하지만 능력 있는 인재를 발굴해 나라를 부흥시켜 제나라에 진 빚을 갚아야겠소. 그러자면 어디서부터 시작해야 좋겠소?"

"대업을 이루는 군주는 항상 스승이 될 만한 사람과 함께하고, 왕도王道를 행할 수 있는 사람은 언제나 훌륭한 벗과 함께 합니다. 그러나 망국의 군주는 주변이 온통 용렬한 인물들로 가득합니다. 군주가 훌륭한 인재를 끌어들일 수 있는가는 그들을 예의에 맞게 대접할 수 있느냐에 달려 있습니다. 군주는 위엄을 버리고 자신을 낮추어야만 훌륭한 인재를 얻을 수 있습니다."

"그렇다면 내가 누구를 존경하고 누구를 스승으로 삼아야 하겠소?"

곽외는 미리부터 염두에 둔 인물이 있었다. 하지만 직접 언급은 피하고 일단 소왕에게 한 가지 이야기를 들려주었다.

"예전에 한 임금이 황금 1천 냥으로 천리마를 구하고자 했습니다. 하지만 3년이 지나도 천리마를 찾을 수 없었습니다. 그때 누군가 이렇게 말했습니다. '대왕이시여, 제가 구해 오겠습니다.' 그는 여기저기를 돌아다녔지만 천리마를 구할 수 없었습니다. 실망하고 돌아오던 그는 사람들이 죽은 말을 에워싸고 탄식하는 광경을 보게 되었습니다. 그들에게 물어 보니 죽은 말이 바로 천리마라는 것이었습니다. 순간 그에게는 좋은 생각이 떠올랐습니다. 그는 황금 5백 냥을 주고 죽은 천리마의 뼈를 사들여 임금께 바치면서 이렇게 말했습니다. '천리마를 구해 왔습니다.' 임금은 깜짝 놀랐습니다. '천리마를 구해 오라 했더니 5백 냥을 주고 말뼈를 사오다니? 대체 어찌된 일인가?' 그는 임금에게 이렇게 말했습니다. '제게 묘안이 있습니다. 이건 세상 사람들에게 소문을 내려는 의도입니다. 죽은 천리마의 뼈를 5백 냥에 사는데, 살아 있는 천리마는 말할 것도 없지 않겠습니까? 천리마를 가진 사람들이 이 소식을 듣게 되면 그들은 분명 제 발로 찾아올 것입니다. 기다려 보십시오.' 과연 1년도 지나지 않아 임금은 3천 필이나 되는 천리마를 손에 넣게 되었습니다."

"선생의 말뜻을 잘 알겠소. 훌륭한 인재를 구하려면 비용을 아끼지 말고 후히 대하라는 것이지요?"

곽외는 소왕이 자신의 의도를 파악했다고 여기고 본론으로 들어갔다.

"대왕께서 진정 훌륭한 인재를 구하려 하신다면 몸소 실천해 사람들에게 보여주십시오. 저처럼 재주 없는 사람도 존중을 받는다면, 저보다 재능이 뛰어난 사람들이야 말할 필요가 있겠습니까? 나라 안팎에서 훌륭한 인재들이 모여들 것입니다."

소왕은 성대한 의식을 치르고 곽외를 맞아들였다. 이로부터 소왕은 날마다 곽외를 찾아가 가르침을 청했다. 한편, 소왕은 훌륭한 인재를 구하고자 곽외의 의견에 따라 역수易水에 '황금대' 를 지었다. 이는 훌륭한 인재를 잘 대우하겠다는 뜻을 내보인 것이었다. 소왕이 인재를 우대한다는 소문이 퍼지자 과연 삽시간에 많은 인재들이 모여들었다.

제나라 사람인 추연鄒衍은 음양오행설로 큰 명성을 떨치고 있었다. 하늘과 인간의 이치를 탐구하던 그는 언변이 뛰어나 '담천연談天衍' 으로 불렸다. 추연은 한韓, 위魏, 조趙 나라에서 유세했는데, 가는 곳마다 훌륭한 예우를 받았다. 그가 위나라를 찾았을 때에는 혜왕惠王이 성 밖까지 달려 나와 맞이했고, 조나라에서는 평원군平原君이 자기 옷소매로 추연이 앉을 자리의 먼지를 털어주었다.

추연이 연나라로 온다는 소식에 소왕은 성 밖에 나가 기다렸다. 추연이 도착하자 그는 자기 옷소매로 추연이 앉을 자리의 먼지를 털어주고, 또 추연보다 한 걸음 뒤처져서 걸었다. 이는 위나라나 조나라보다 한 걸음 나아간 예우였다. 하지만 그것은 아무것도 아니었다. 소왕은 추연을 스승의 자리에 앉히고 자신은 학생의 자리에 앉았다. 또 추연에 대한 존경심을 내보이고자 갈석궁碣石宮을 지어 추연을 머물게 하였다.

임금은 일이 있으면 사람을 보내 신하를 부르는 것이 당연한 일이다. 하지만 소왕은 자신을 낮추었다. 급한 용무가 있으면, 소왕은 직접 추연을 찾아가 가르침을 청했다. 소왕의 행동은 추연을 크게 감동시켰고, 추연은 연나라에 오랫동안 머물렀다. 그리고 이런 사실은 지식인들 사이에서 큰 반향을 일으켰다.

소왕은 나라의 문호를 활짝 열었다. 저명한 학자들을 비롯해 제나라를 꺾으려는 사람들과 용병술에 뛰어난 사람들이 모두 연나라로 모여들었고 소왕은 그들을 후하게 대우했다. 당시 연나라를 찾아온 인물 가운데는 추연 이외에도 위나라의 악의樂毅, 조나라의 군사전략가 극신極辛 등이 있었다.

악의는 위나라의 명장 악양樂羊의 후손으로, 문무文武를 겸비한 인물이었다. 악의는 소왕이 자신을 낮추고 인재를 우대한다는 소식에 연나라를 찾아와 아경亞卿이 되었고, 나중에는 제나라를 토벌하는 상장군으로 중용되었다.

소왕은 집권 기간 동안에 각종 폐정의 개혁에 힘을 쏟았다. 법령을 정비하고, 인사를 공정하게 하였으며, 관리들이 백성의 고락을 나누게 함으로써 민심을 사로잡았다. 28년에 걸친 노력의 결과로 연나라는 강성한 나라가 되었고, 마침내 전국칠웅의 하나로 발돋움하였다.

소왕이 인재를 불러들여 부국강병을 도모할 때, 제나라는 오히려 민왕湣王의 어리석음 때문에 날로 쇠퇴했다. 이런 상황은 소왕에게 설욕의 기회를 가져왔다. 소왕은 행동에 옮기기에 앞서 악의에게 의견을 물었다. 악의는 이렇게 진언했다.

"제나라가 쇠퇴하였다고는 하나 국토가 넓고 인구가 많습니다. 그러니 홀로 공격해서는 아니 됩니다. 반드시 제나라와 원한이 있는 다른 나라와 연합해야만 승리할 수 있습니다."

소왕은 악의의 건의에 따라, 기원전 284년 연, 조, 한, 위, 초 나라가 함께 반反 제나라 연합을 만들었다. 그리고 악의를 연합군의 사령관으로 삼아 제수濟水 서쪽에서 제나라 군사를 대파했다. 당시 다른 네 나라 장수들은 몇 차례 승리에 도취해 공격을 늦추었다. 하지만 연나라 군사는 제나라 도성으로 진격해 민왕을 죽이고 전쟁을 끝냈다. 악의는 반년 만에 70개가 넘는 제나라의 성을 점령했지만, 거성莒城과 즉묵卽墨 두 곳만은 아직 함락하지 못하고 있었다. 악의가 제나라의 민심 수습책을 내놓자 제나라 백성들의 마음이 움직였다. 하지만 악의의 승리는 연나라 소인배들의 시기를 받게 되었다. 한 대부는 태자를 부추겨 악의를 헐뜯었다. 태자는 소왕에게 이렇게 아뢰었다.

"악의는 제나라 임금을 죽이고 70개가 넘는 성을 빼앗았습니다. 그런데 어째서 3년이 넘도록 거성과 즉묵을 빼앗지 못합니까? 악의는 제나라 백성들에게 은혜를 베풀어 귀순시키려 한다는 소문이 있습니다. 이는 악의가 제나라의 임금이 되려는 야망을 내보이는 것이 아니겠습니까? 미리 대처하셔야만 합니다."

소왕은 발끈 화를 냈다. 그러나 이내 남의 비방을 믿고 충직

한 사람을 모함한다며 태자를 나무랐다. 소왕은 태자의 배은망덕한 행동에 대해 장형 20대의 징벌을 내렸다.

"돌아가신 선왕의 원수를 누가 갚았느냐? 악의 장군이 아니더냐? 그는 큰 은인이다. 태자는 함부로 비방을 믿고 그를 헐뜯었다. 그가 제나라의 임금이 된대도 당연한 일이다. 앞으로는 절대 함부로 비방하지 말라. 그냥 넘어가지 않을 것이다."

태자를 매질한 소왕은 사신을 보내 악의에게 제나라 임금으로 삼겠다는 뜻을 전달했다. 악의는 감격스럽지만 절대로 받아들일 수 없다며 사양했다. 소왕은 악의를 창국군昌國君에 봉했다. 소왕이 훌륭한 인물을 우대하고 존중한 일화는 아름다운 이야기로 길이 전해 온다.

22. 한 치 나아가기보다는 한 자 물러서라

용병에 뛰어난 사람은 이렇게 말한다.

"나는 감히 주도적으로 공격하기보다는 차라리 방어하여 지키기를 바란다. 나는 감히 한 치 나아가기보다는 한 자 물러서기를 바란다."

이는 비록 전열이 갖추어져도 전열이 갖추어지지 않은 것 같고, 공격을 하지만 공격하지 않는 것 같으며, 대항하면서도 대항하지 않는 것과 같고, 무기를 들었지만 무기가 없는 것과 같음을 이르는 것이다.

用兵有言용병유언: "吾不敢爲主而爲客오불감위주이위객, 不敢進寸而退尺불감진촌이퇴척."

是謂行無行시위항무항, 攘無臂양무비, 扔無敵잉무적, 執無兵집무병.

「도덕경」 제69장

풀이

主 주 전투에서의 주도적 공격을 가리킴.
不敢爲主 불감위주 감히 선제공격을 하지 않음.
客 객 전투에서의 수동적 방어를 가리킴.
退 퇴 물러나 방어함.
行 항 대열, 진세陣勢.
攘 양 뻗음.
扔 잉 대항함.
兵 병 무기.

해설

적과 대치할 때는 함부로 공격하기보다는 한 걸음 물러서야 한다. 자신의 역량을 과대평가하지 말고, 상대의 역량을 과소평가하지 말아야 한다. 자신의 부족함을 꼼꼼히 따지고, 자신의 어려움을 신중히 생각하며, 자신의 역량을 약간 낮추어 평가해야 한다. 그러면 대항할 적이 없게 될 것이다.

군사전략에 있어서 노자의 이 말은 각별한 의미를 갖는다. 노자는 강한 적과 맞선 상황에서 상대는 강하고 자신은 약하다면, 먼저 한 걸음 물러선 다음 상대를 제압하는 전략을 구사하라고 말했다. 또 그는 강한 적의 공격에 약한 힘으로 맞선다면 큰 손실을 입게 된다는 점에도 주목했다. 이는 군사력을 유지하지 못하는 것은 물론 나라를 망하게 할 수도 있다는 것이다. 약한 군사력으로 강한 적의 공격에 맞설 수 있는 유일한 방법은 일단 한 걸음 물러나 예봉을 피하면서 자신의 힘을 지키는 것이다. 그런 다음에 상대의 힘을 분산시키고 소모시켜서 약화시킨다. 그러면 적은 우세에서 열세로 바뀌고 주도적이던 것에서 피동적으로 바뀌게 되는 반면 아군은 열세에서 우세로 전환되고 피동적이던 것에서 주도적으로 바뀌게 된다. 그러면 반격을 가해 승리를 얻을 수 있는 여건이 갖춰지게 된다.

노자는 중국의 병법兵法에 있어서 최초로 '적극적 방어전'의 개념을 내놓은 인물이다. 역사적으로 초한楚漢의 성고成皐 전투, 신한新漢의 곤양昆陽 전투, 진진秦晉의 비수淝水 전투 같은 유명한 전투는 모두 양측의 세력에 현격한 차이가 있었지만 약자가 한 걸음 물러선 다음에 상대를 제압한 전투였다.

하였다. 한편, 서쪽으로 진군하던 사석과 사현은 낙간洛澗 동쪽 25리 지점까지 들어가 머물고 있었다. 호빈은 군량이 떨어지자 비밀리에 사석과 사현에게 편지를 보냈다.

"적군은 강력하고, 아군은 군량이 떨어졌습니다. 너무 위급한 상황인지라 대인을 다시 뵙지 못할지도 모르겠습니다. 만전의 책략을 세워주십시오."

그런데 전진의 군사가 호빈이 보낸 사람을 붙잡아 부융에게로 끌고 갔다. 부융은 밤새 그를 심문해 동진군의 중요한 군사 정보를 알아냈다. 부융은 쾌마를 띄워 부견에게 이렇게 보고했다.

"적은 병력과 군량이 얼마 되지 않는다고 합니다. 우리 적수가 되지 못합니다. 신속히 출격해 제압하겠습니다."

부견은 항성項城에 대군을 주둔시켜 놓고 정예기병 8천 명만을 거느리고 수양으로 달려가 부융과 합류했다. 한편, 부견은 양양에서 사로잡은 동진의 장수 주서朱序를 보내 사석에게 투항을 권고했다. 어차피 강약의 형세가 현격하게 다르니 빨리 투항해 목숨을 보전하는 것이 낫다는 취지였다. 주서는 명령에 따라 사석을 찾아갔다. 사석은 주서의 손을 덥석 잡았다.

"장군, 고생하셨소!"

주서는 풀썩 바닥에 주저앉았다.

"양양을 빼앗기고 사로잡히는 몸이 되었으니 저의 죄는 백번 죽어도 모자랍니다. 그런데도 어찌 이토록 반갑게 맞아주십니까? 제 죄를 다스려 주십시오."

사석은 껄껄 웃었다.

"지금은 사람을 써야 할 때요. 장군의 마음에 고국에 대한 애정이 아직 남아 있다면 공을 세워 지난 잘못을 씻으시오. 나와 함께 작전 회의에 들어갑시다."

주서는 사석에게 전진의 전략과 군사 상황에 대한 정보를 상세히 일러주었다. 그리고 이렇게 덧붙였다.

"전진의 백만 대군이 한꺼번에 몰려온다면 막기 어렵습니다. 적이 결집되기 전에 신속히 공격하십시오. 정예병으로 전진의 선봉을 선제공격해 예기를 꺾는 것이 좋겠습니다. 그런 다음에……"

주서는 목소리를 낮추고 사석에게 귓속말을 건넸다. 다른 장수와 대신들은 무슨 말을 하는지 알 수 없었다. 사석은 고개를 끄덕이며 빙그레 웃었다. 하지만 주서가 떠나자 사석은 주서의 권고를 따르지 않았다. 계산이 치밀한 그는 이리저리 저울질을 하였다.

'부견은 수춘에 주둔하고 있어서 즉각 제압하기는 어렵다. 경거망동하다가는 오히려 큰 해를 입을 수도 있다. 그리고 주서

는 사로잡혀서 지금 전진의 상서尙書가 된 자다. 그런 그가 무슨 속셈이 있는지는 아무도 모른다.'

이때 사석의 조카 사염謝琰이 주서의 계책에 따르자고 권고했다.

"적은 병력으로 적군의 예봉을 꺾는 작전은 실패한대도 전반적 판세에는 영향을 주지 않습니다."

사석이 사현에게 의견을 물어보니 사염과 같은 생각이었다.

11월, 사석과 사현은 유뢰劉牢에게 정예병 5천 명을 주어 낙간을 건너 전진의 선봉대를 전광석화처럼 기습했다. 전진에서는 양성梁成이 나와 쌍검을 휘두르며 맞섰다. 유뢰와 양성은 1백 합을 넘게 겨뤘지만 결판이 나지 않았다. 유뢰가 거짓으로 달아나자 양성은 말을 타고 뒤쫓았다. 갑자기 유뢰가 말머리를 돌리더니 연환편連環鞭을 내던졌다. 뜻밖의 공격에 양성은 머리가 쪼개져 죽고 말았다. 전진군의 전열은 무너졌고, 이를 틈타 유뢰는 전진군을 공격하는 한편 군사를 나누어 전진군의 퇴로를 차단했다. 혼비백산한 전진군은 차가운 회하淮河로 줄줄이 뛰어들었다. 전진군은 1만5천 명이나 되는 전사자를 냈다.

낙간 전투에서 동진군은 많은 무기와 식량을 노획했다. 수적 열세이던 동진은 첫 전투에서 대승을 거두자 사기가 크게 올랐다. 승전보를 접한 사석은 수륙 양면으로 전진군을 공격하라는 명령을 내렸다.

부견과 부융은 수양성에 올라 동진군이 진격해 오는 모습을 내려다보고 있었다. 순간 부견은 멀리 팔공산八公山의 초목들이 눈에 들어왔다. 수풀 사이에서 마치 마술이라도 하는 듯 무장한 동진 군사들이 모습을 드러냈다. 부견은 고개를 돌려 부융에게 말했다.

"강적이다! 누가 동진 군사를 오합지졸이라고 했던가?"

부견의 얼굴에는 초조한 기색이 역력했다. 부견의 양손은 자신도 모르게 부들부들 떨고 있었다.

낙간 전투에서 승리를 거둔 사석과 사현은 비수의 동쪽 기슭으로 진격해 강을 사이에 두고 전진군과 대치했다. 전진의 대군은 비수에 진을 치고 동진군의 도강을 저지하고 있었다. 사현은 부견의 진영에 사람을 보내 이렇게 전했다.

"대왕의 대군이 먼 길을 달려와 비수에 진을 치고 있으니, 아마도 지구전을 펼칠 계획인가 봅니다. 단판에 승부를 가리고 싶지는 않으십니까? 동진군이 도하하도록 전진군을 잠시 뒤로 물리신다면 대왕의 대군과 결전을 치를 수 있지 않겠습니까?"

전진의 장수들은 이를 반대했다.

"후퇴하여 진영이 일단 흐트러지면 적에게 기회를 주게 됩니다. 그러면 뒷일은 생각하기 어렵습니다. 사석과 사현이 결코 강을 건너게 해서는 아니 됩니다. 우리는 병력이 많고 저들은 적습니다. 절대로 저들의 도강을 막아야 합니다."

부견은 장수들의 견해를 반박했다.

"모르는 소리! 우리가 군사를 조금 뒤로 물려 상대를 현혹하면 동진군은 강을 건널 것이다. 강을 반쯤 건넜을 때 기습하면 동진군을 물고기 밥으로 만들 수 있다."

부융도 부견의 계책에 동의했다. 마침내 부견은 전진군에게 후퇴를 명했다.

앞서 말했듯이 당시 전진군은 여러 민족으로 구성되어 있었다. 그들은 당초 전진을 위해 자기 목숨을 바칠 생각은 없었다. 게다가 낙간에서 패배한 이후로 두려움을 갖게 되었다. 더 이상 싸우고 싶지 않았다. 때문에 후퇴 명령이 내려지자 그들은 마구 달아났다. 때가 되었음을 간파한 주서가 그들 뒤에 대고 고함을 질렀다.

"뛰어라! 뒤떨어지면 죽는다! 어서!"

주서의 고함소리에 전진의 군사들은 착각에 빠졌다. 그들은 무기를 내던지고 미친 듯 달아났다. 전진군의 대오는 한순간에 아수라장으로 변했다. 주서는 혼란을 틈타 서원희를 비롯한 잡혀 있던 동진의 장수와 관리들을 구출해 동진 진영으로 돌아왔다. 사현은 비수를 건너 전진의 진지를 함락하고 신속히 정예병을 편성해 전진군을 추격했다. 부융은 혼비백산 달아나는 군사들을 지휘하려 했지만 타고 있던 쾌마가 인파에 엉키면서 나동그라졌다. 그때 동진의 장수가 창으로 부융의 가슴을 찔렀다. 동진군은 승세를 타고 수춘 서쪽의 청강靑岡까지 추격했다. 전진군의 시체는 들판을 뒤덮었고, 흐르는 피는 강물을 이루었다. 패주하는 전진군은 바람소리와 학의 울음소리에도 놀라 오줌을 지렸다. 당황한 전진군은 자기들끼리 밟고 밟히면서 숱한 사상자를 냈을 뿐 아니라 추위와 굶주림에도 시달렸다. 전진군은 결국 열에 일곱 여덟 명에 이르는 사상자를 냈다. 동진군은 부견이 타던 운모거雲母車를 노획했고, 부견은 화살을 맞고 단기필마로 달아났다.

비수 전투에서 패배한 전진은 주력군이 궤멸되었고, 각 민족의 우두머리들은 잇따라 전진을 배반하고 자립했다. 부견은 기병 백 명을 이끌고 오장산五將山으로 달아났다가 강족의 지도자인 요장에게 죽임을 당했다. 전진이 망하자 중국의 북방은 혼란에 빠졌다.

24. 자신을 아는 것이 으뜸이다

알면서도 안다고 여기지 않는 것은 가장 좋다.
분명히 알지 못하면서 아는 체하는 것은 병이다.

知不知지부지, 上상.
不知知부지지, 病병.

「도덕경」 제71장

풀이

知不知 지부지 스스로 알지 못하는 것이 있음을 아는 것.
不知知 부지지 알지 못하면서 스스로 안다고 여기는 것.

해설

"알면서도 안다고 여기지 않는 것은 가장 좋다."는 말은 무엇을 인식함에 있어서 '허虛'를 구현하는 것을 이른다. 즉 사람이 알고 있는 것은 아주 제한적일 뿐이며, 모든 것을 완벽하게 알기란 불가능하다는 사실을 깨달아야 한다는 말이다.

사람은 세상을 살아가는 동안 때로는 하늘의 섭리를 알지 못하고 땅의 이치를 알지 못하며, 밖으로는 남을 알지 못하고 안으로는 자신을 알지 못한다. 노자는 자신이 모르는 것이 있다는 사실을 알아야만 비로소 알게 되고, 부단히 앎을 구하는 가운데서 발전할 수 있다고 하였다.

"분명히 알지 못하면서 아는 체하는 것은 병이다."라는 말은 무엇을 인식함에 있어서 '만滿'을 구현하는 것을 이른다. 제대로 알지 못하면서 안다고 여긴다면, 그것은 사물의 겉모습만을 보고 사물의 진리를 통찰하였다고 여기는 것이다. 어설프게 아는 것을 완벽하게 안다고 착각하게 되는 인식의 태도는 옳지 못하다. 노자는 이를 하나의 '병'으로 여겼다. 그것은 진정한 지식을 얻을 수 없고, 때로는 화를 불러들일 수도 있다. 삼국시대에 촉한蜀漢의 마속馬謖이 가정街亭을 잃은 것은 바로 이런 병이 있었기 때문이다. 사물을 인지하는 과정에서 이런 '병'을 정확히 판단할 수 있어야만, 이런 '병'에 걸리지 않을 수 있다.

또 사람은 잘 모르면서도 안다고 생각하는 결점이 있다. 이런 점을 알아야만, 깨닫지 못하면서도 깨달은 체하지 않을 수 있고, 인식의 영역에서 자신을 부단히 풍요하게 만들 수 있다. 노자의 이런 주장은 훌륭한 배움의 태도임에 틀림없다. 허심虛心을 제창하고 자만을 반대한 노자의 주장은 오늘날에도 그 의미가 크다.

예화

마속이 자만을 부리다 목숨을 잃다

남중南中을 평정한 제갈량諸葛亮은 2년에 걸친 준비 끝에 촉蜀 건흥建興 5년인 서기 227년 겨울, 대군을 이끌고 한중漢中에 주둔했다. 한중은 위魏나라와 인접한 지역으로, 위나라를 공격할 기회를 노리기에 적절했다.

촉군은 수년에 걸친 강도 높은 훈련으로 군기가 엄정하고 사기도 매우 높았다. 촉한은 유비劉備가 세상을 떠난 이후 수년 동안 조용히 있었기에 위나라는 전혀 대비하지 않고 있었다. 촉군이 갑자기 기산岐山을 들이치자 기산을 맡고 있던 위나라의 수비군은 황급히 퇴각했다. 촉군이 승세를 타고 추격하자, 기산 북쪽의 천수天水, 남안南安, 안정安定의 수령들은 모두 위나라를 배반하고 제갈량에게 투항했다.

당시 위나라는 문제文帝 조비曹丕가 이미 세상을 뜬 뒤였다. 촉한의 대군이 침략했다는 소식에 위나라 조정은 깜짝 놀랐다. 명제明帝는 즉위한 지 얼마 되지 않았지만, 침착하게 대응했다. 그는 장빈張蘋에게 군사 5만 명을 주어 기산으로 달려가 촉군에 맞서게 하고, 자신은 장안長安으로 달려가 독전했다.

기산에 도착한 제갈량은 병력 일부를 보내 가정街亭을 점령하고 거점으로 삼았다. 가정은 지금의 감숙성 장랑莊浪 동남쪽에 자리 잡은 곳이다. 당시 마속馬謖이 부대를 이끌었다. 제갈량의 수하에는 숱한 백전노장들이 있었지만, 유독 마속에게 믿음이 갔던 것이다.

마속은 병법을 널리 공부했고, 평소 군사에 관한 문제를 논하기 좋아했다. 때문에 제갈량과 마속은 전쟁 이야기가 나오면 대화가 끝날 줄 몰랐다. 더욱이 마속은 제갈량에게 좋은 아이디어를 내놓기도 했기에 제갈량은 마속을 무척 신임했다. 하지만 유비는 생전에 마속을 미덥지 못한 인물로 여겨 제갈량에게 이런 당부를 한 적이 있었다.

"마속은 말이 행동보다 앞서는 사람이오. 그에게 큰일을 맡겨서는 아니 될 것이오."

하지만 제갈량은 유비의 이 말을 마음에 담아두지 않았다. 그래서 이번에 마속을 선봉장으로 삼고, 왕평王平을 부장으로 삼았다. 마속과 왕평은 군사를 거느리고 가정으로 달려갔다. 마속은 일단 그곳의 지형을 살피더니 이렇게 말했다.

"이 일대는 지형이 아주 험고하군! 가정 옆에 있는 산 위에 영채를 만들면 되겠어."

왕평은 생각이 달랐다.

"승상께서는 보루를 쌓고 성을 굳게 지키라고 하셨습니다. 산 위에 영채를 만드는 것은 위험합니다."

전투 경험 없이 병법서만 두루 섭렵한 마속은 왕평의 이야기에 귀를 기울이지 않았다. 마속은 산 위에 영채를 짓자고 한사코 고집했다. 왕평의 거듭된 충고도 소용이 없었다. 왕평은 부득이 마속에게 군사 1천 명을 얻어 가까운 산 아래쪽에 별도로 주둔했다.

한편, 위나라 군사를 이끌고 가정에 도착한 장빈은 마속이 기존의 성채를 버려두고 산 위에 주둔한다는 사실에 쾌재를 불렀다. 장빈은 즉각 산 아래에 영채를 지어 마속이 주둔한 산을 에워쌌다. 마속은 몇 차례나 산을 내려가 공격하라고 명령했지만 장빈이 영채를 굳게 지켰기 때문에 선뜻 공격을 퍼붓지 못했다. 오히려 위나라 군사가 발사한 화살에 적지 않은 희생자만 내고 말았다. 위나라 군사는 산 위로 흐르는 물길을 막았다. 물길이 막히자 산에서는 밥도 해 먹을 수 없게 되었다. 시간이 흐르자 촉군의 진영에서는 혼란스러운 상황이 벌어졌다. 장빈은 이 틈에 선제공격을 퍼부었다. 당황한 촉군은 사방으로 달아났다. 뾰족한 방법이 없던 마속도 겹겹이 에워싼 포위망을 돌파해 서쪽으로 줄행랑쳤다.

한편, 왕평은 1천 명의 군사를 거느리고 영채를 굳게 지키고 있었다. 그는 마속이 패주하자 북을 울려 공격하려는 태세를 취했다. 장빈은 촉군이 매복한 것으로 의심하고 대오를 가다듬더니 슬슬 물러났다. 이리하여 왕평은 단 한 명의 군사도 잃지 않았고 마속의 패잔병도 적지 않게 거둘 수 있었다.

가정을 빼앗기자 촉군은 주요한 거점을 잃게 되었다. 병력 손실도 적지 않았다. 제갈량은 더 큰 손실을 막고자 전군을 한중으로 퇴각시켰다. 한중으로 퇴각한 제갈량은 가정을 빼앗긴 원인을 따져보았다. 그것은 순전히 마속이 자신의 작전 지시를 어겼기 때문이었다. 마속도 순순히 자신의 잘못을 인정했다. 제갈량은 군법에 따라 마속에게 사형을 선고했다. 마속은 사형을 피할 방법이 없음을 알고 옥중에서 제갈량에게 편지를 올렸다.

"승상께서는 평소 저를 친자식처럼 아껴 주셨습니다. 저도 승상을 아버지처럼 여겼습니다. 하지만 저는 씻을 수 없는 과오를 저질렀습니다. 제가 죽거든 승상께서는 순舜이 곤鯀을 죽이고 우禹를 기용한 것처럼, 제 아들을 보살펴 주신다면 죽더라도

여한이 없겠습니다."

제갈량은 마속의 사형을 집행하면서 마속과의 평소 정리가 떠올라 눈물을 흘렸다. 제갈량은 마속의 요청대로 마속의 아들을 잘 보살펴 주었다. 한편, 왕평에 대해서는 그가 가정에서 마속에게 타당한 건의를 올렸고, 퇴각을 하면서도 군사를 잘 보전한 공로를 인정해 참군으로 발탁했다.

25. 진실한 말은 꾸미지 않는다

진실한 말은 소박하고 꾸미지 않으며, 아름답게 꾸민 말은 진실하지 않다.

信言不美신언불미, 美言不信미언불신.

「도덕경」 제81장

풀이

信신 진실함.

信言신언 사실 그대로의 이야기.

美言미언 화려하게 꾸민 말.

해설

진심 어린 충고는 말이 아름답지 못하기 때문에 귀에 거슬리는 법이고, 아첨하고 받드는 말은 아름답게 치장하기 때문에 믿기 어려운 법이다. 여기에는 분명 까닭이 있다. 이런 현상은 사물의 외적 형태와 내적 본질은 서로 일치하지 않으며, 때로는 상반되기도 한다는 것을 의미한다. 하지만 사람들은 흔히 겉모습만 중시하고 내면을 보지 못하거나 보려고 하지 않는다. 노자는 이런 모순을 지적한 것이다. 춘추시대에 오吳나라와 월越나라가 서로 다툰 과정을 살펴보면, 오자서伍子胥가 한 말은 듣기에는 무척 거북했지만 모두가 진실이었던 반면 백비伯嚭가 한 말은 듣기에는 좋았지만 결국 오나라를 망하게 만들었다.

노자의 이 말은 진실하기를 요구한다. 노자는 진실한 말은 소박하지만 화려한 말은 듣기에는 좋지만 진실과는 거리가 멀다고 여겼다. 믿음과 화려함을 대비시켜 강조한 노자의 말은 정곡을 찌른 것이다. 판단 능력을 높여 "믿을 수 있는 말"을 중시하고 "아름다운 말"을 경솔히 믿지 말라는 말이다.

예화

부차가 충언을 무시하여 망국의 화를 자초하다

오자서伍子胥는 본명이 원員이며, 춘추시대 초楚나라 출신으로 오吳나라 상국相國이 된 인물이다. 오자서의 부친 오사伍奢는 초나라의 대부大夫로 태자 건建의 스승을 지냈다. 그런데 초나라 평왕平王이 아버지와 형을 죽이고 자신도 죽이려 하자 오자서는 화를 피해 오나라로 달아났다.

오자서는 오나라가 국력을 키우도록 도와 초나라를 공격해 자신의 원한을 갚을 생각이었다. 훗날 오자서는 오나라에서 공자 광光이 임금 료僚를 죽이고 대신 자리에 오르는 것을 도왔다. 그렇게 즉위한 임금이 바로 합려闔閭다.

10년에 걸친 준비 끝에 오나라는 마침내 초나라를 쳤다. 오군이 초나라 도성을 함락하자 오자서는 죽은 평왕의 무덤을 파헤쳐 시신에 매질을 가해 맺힌 원한을 풀었다. 합려는 곧이어 월나라를 쳤지만 패배하고 전사했다.

합려의 뒤를 이어 부차夫差가 즉위했다. 오자서는 부차를 충심으로 보필하며 월나라에 설욕하기 위해 군사를 조련했다. 기원전 494년, 부차는 오자서를 대장으로 삼고 백비伯嚭를 부장으로 삼아 월나라를 공격했다. 부차는 초산椒山에서 월군을 대파했다. 초산은 지금의 태호太湖 일대다. 월나라 임금 구천句踐은 대세가 기울자 오나라와 강화를 맺을 생각이었다. 대신 문종文鍾이 계책을 내놓았다. 문종은 금은보화와 미녀를 백비에게 보내 강화를 맺도록 도와달라고 요청했다. 뇌물을 받은 백비는 문

종을 부차에게 안내하고 강화를 권유했다. 마침내 오나라는 월나라와 강화를 맺을 준비를 하였다. 이 소식을 들은 오자서는 부차에게 달려가 월나라와의 강화를 완강히 반대했다.

"오나라와 월나라는 원수지간입니다. 오나라가 월나라를 멸망시키지 않는다면, 월나라가 오나라를 멸망시킬 것입니다. 대왕께서는 날마다 원수를 잊지 않게 일깨워 달라고 하셨습니다. 이제 월나라를 멸망시키는 것이 코앞에 닥쳤는데 어째서 강화를 받아들이시려는 것입니까?"

부차는 아무 대꾸도 하지 못했다. 옆에 있던 백비가 대신 나서며 월나라와 강화를 맺자고 주장했다. 오자서는 자신의 주장이 받아들여지지 않자 물러나와 이렇게 한탄했다.

"월나라가 10년 동안 인구를 늘리고, 10년 동안 가르치고 훈련시킨다면, 20년이 넘지 않아 오나라는 월나라에 멸망당하고 말 것이다."

양국 사이의 강화 조건에 따라 구천은 오나라에 인질로 들어와 부차의 시중을 들게 되었다. 3년의 세월 동안 구천은 온갖 수모를 견디며 부차의 신임을 얻었고, 마침내 본국으로 돌아갈 채비를 하게 되었다. 오자서는 부차를 찾아가 구천을 돌려보내서는 아니 된다고 간언했다. 부차는 오자서의 말을 듣기는커녕 오히려 심하게 꾸짖었다.

"구천은 이미 자기 죄를 충분히 반성했소. 게다가 3년 동안 이나 나를 성심껏 보필했소. 병이 나면 대소변의 냄새를 맡아 가며 나의 병세를 보살폈소. 내가 남을 시켜 그에게 모욕을 주어도 그는 전혀 불쾌하게 여기지 않소."

"구천은 속임수에 능합니다. 제가 알기로 그는 내심 설욕을 벼르고 있습니다. 그를 돌아가게 해서는 아니 됩니다. 서둘러 제거해야만 합니다."

부차는 오자서의 만류에도 불구하고 구천을 월나라로 돌려보냈다. 월나라로 돌아간 구천은 범려范蠡, 문종 등과 함께 복수의 계획을 세웠다. 10년 동안 인구를 늘리고, 10년 동안 군사를 양성하기로 결정하는 한편 오나라의 국력을 약화시킬 몇몇 방법도 모색했다. 예컨대 좋은 목재를 오나라에 선물해 부차가 궁전을 짓게 하여 재물을 손상시키고, 미인계를 이용해 부차를 환락에 빠뜨리고, 부차와 신하들을 이간시켜 충신을 죽이게 만들고, 부차를 패주覇主가 되게 충동질해 오나라의 국력을 쇠퇴하게 만드는 것 등이었다.

얼마 후 구천은 부차가 고소대姑蘇臺라는 궁전을 지으려 한다는 소식을 들었다. 구천은 얼른 좋은 재목을 부차에게 보내면서 가장 큰 나무를 '신목神木'이라고 하여 부차의 관심을 끌었다. 부차는 훌륭한 재목이 생기자 즉시 고소대를 짓기 시작했다. 오자서는 부차를 찾아가 궁전 건립을 위해 인력과 재물을 낭비해서는 아니 된다고 간언했다. 하지만 부차는 오자서의 간언을 받아들이지 않았다. 얼마 후 구천은 서시西施와 정단鄭旦 등 미인을 부차에게 보냈다. 특히 서시는 미모가 단연 돋보였고, 또 재능, 언변, 식견이 뛰어나 단번에 부차의 환심을 샀다. 오자서는 자신의 안위를 돌보지 않고 부차에게 직언을 올렸다.

"예전에 하夏나라 걸왕桀王은 말희妹喜를 총애하여 나라를 망쳤고, 은殷나라 주왕紂王은 달기妲己를 총애하여 나라를 망쳤습니다. 월나라가 보낸 미녀를 거두어서는 결코 아니 됩니다."

부차는 아무 말이 없었다. 이때 백비가 끼어들었다.

"오자서, 당신은 집에서 미녀들의 시중을 받지 않으시오? 대왕 곁에 미녀 몇 명을 더 두는 것이 무슨 문제란 말이오? 우리 대왕을 하나라의 걸왕이나 은나라의 주왕에 견주는 것은 옳지 않소."

부차는 백비의 말에 연신 고개를 끄덕였다. 그리고 오자서에게 이렇게 말했다.

"상국은 이제 연로하니 좀 쉬어야겠소. 앞으론 이런 사소한 일에는 간여치 마시오."

오자서는 자신의 간언이 더 이상 소용이 없음을 깨달았다. 부차의 행위는 날이 갈수록 황당해졌다. 오자서는 화가 치밀었지만 뾰족한 수가 없었다.

그 후 부차는 제齊나라를 정벌하고 중원中原의 맹주가 되려고 하였다. 이번에도 오자서가 말렸지만, 역시 소용이 없었다. 훗날 부차가 중원을 정벌하고 귀국하자 백비는 오자서가 불만을 품고 제나라로 달아나려 한다는 거짓 보고를 하였다. 부차는 사실 확인도 없이 오자서를 불러 이렇게 말했다.

"선왕의 얼굴을 보아 죽이지는 않겠다. 떠나라. 그리고 다시는 내 앞에 얼씬거리지 말라!"

부차는 오자서의 해명도 듣지 않고 그를 끌어내게 하였다. 이튿날 부차는 오자서에게 보검 한 자루를 내리면서 자살을 명했다. 보검을 받아든 오자서는 하늘을 우러르며 탄식했다.

"나는 선왕 합려를 도와 사방 오랑캐를 토벌하고 오나라의 기틀을 반석 위에 올려놓았다. 선왕께서는 일찍이 오나라의 절반을 내게 주려고 하셨지만, 나는 그것을 받지 않았다. 그런데 이제 대왕께서는 요망한 말을 믿고 내게 죽음을 내리시는구나. 내가 죽는 것은 슬프지 않다만 오나라의 강산을 보전하기 어려우니 이를 어찌하면 좋겠는가!"

오자서는 자신의 목에 칼을 들이대고 가족들에게 유언을 남겼다.

"내가 죽거든 무덤에 가래나무 한 그루를 심어라. 그리고 내

눈을 도려내 도성의 동쪽 문에 높이 내걸어라. 내 눈으로 월나라 군사가 오나라를 멸망시키는 모습을 똑똑히 지켜볼 것이다!"

말을 마친 오자서는 스스로 목을 찔러 자결했다.

오자서가 죽자 부차는 더욱 거리낌 없이 행동했다. 그는 많은 백성들을 동원해 장강長江과 회하淮河를 잇는 한구邗溝라는 운하를 만들었다. 또 제나라를 치고, 진晉나라 정공定公과 황지黃池에서 맹약을 맺어 오나라의 국력을 크게 손상시켰다.

기원전 482년, 월나라 구천은 15년에 걸친 준비 끝에 마침내 오나라를 공격했다. 10년에 걸친 싸움 끝에 기원전 473년, 구천은 마침내 부차를 격파했고, 부차는 자결했다. 부차는 자결에 앞서 주위 사람들에게 이런 말을 남겼다.

"오자서의 말을 듣지 않은 것이 정녕 후회스럽구나!"

오자서의 죽음은 세상에 두 가지 이야기를 남겼다. 하나는 '오자서결목吳子胥抉目' 이라는 말로, 간언을 하는 신하가 억울하게 피해를 입는다는 의미다. 또 하나는 '오원노도伍員怒濤' 라는 말로, 애국지사들이 나라를 근심하여 비분강개한다는 의미다.

알짬 고전 시리즈 3

명언과 역사로 보는
노자의 도덕경 이야기

초판 1쇄 발행 | 2008년 10월 20일
초판 2쇄 발행 | 2010년 10월 30일
기획 | 중국공자기금회
지은이 | 楊亞利 · 劉明芝 · 林忠軍
옮긴이 | 남종진
발행인 | 강희일 · 박은자
발행처 | 다산미디어
디자인 | 민하디지탈아트 (02)3274-1333

주소 | 서울시 마포구 용강동 494-85 다산빌딩 402호
전화 | 717-3661
팩스 | 716-9945
이메일 | dasanpub@hanmail.net
홈페이지 | www.dasanbooks.co.kr
등록일 | 2005년 7월 14일
등록번호 | 제313-2005-151호
도서유통 | 다산출판사

ISBN 978-89-86316-21-6 04100
ISBN 978-89-86316-18-6(세트)
정가 9,000원